KRÜGER

Susanne Fröhlich & Constanze Kleis

Wenn ich Dich nicht hätte!

Freundinnen, eine geniale Liebe

✺ | KRÜGER

Aus Verantwortung für die Umwelt hat sich der S. Fischer Verlag zu
einer nachhaltigen Buchproduktion verpflichtet. Der bewusste Umgang
mit unseren Ressourcen, der Schutz unseres Klimas und der Natur
gehören zu unseren obersten Unternehmenszielen.

Gemeinsam mit unseren Partnern und Lieferanten setzen wir uns
für eine klimaneutrale Buchproduktion ein, die den Erwerb von
Klimazertifikaten zur Kompensation des CO_2-Ausstoßes einschließt.

Weitere Informationen finden Sie unter:
www.klimaneutralerverlag.de

Originalausgabe
Erschienen bei FISCHER Krüger
© 2020 S. Fischer Verlag GmbH, Hedderichstr. 114,
D-60596 Frankfurt am Main

Satz: Dörlemann Satz, Lemförde
Druck und Bindung: CPI books GmbH, Leck
Printed in Germany
ISBN 978-3-8105-2544-4

Für unsere so wunderbaren, hinreißend klugen,
wahnsinnig attraktiven, enorm spannenden
und rundum liebenswerten Freundinnen – ohne euch
wäre alles nichts. Es ist ein großes Glück, eine Freude
und ein Privileg, euch in unserem Leben zu wissen.

»Bei der Freundschaft fängt es erst an, interessant zu werden.
Sich paaren können auch Hunde.«
Hildegard Knef

Inhalt

Einleitung:

Eine wie keine ...

Wir haben uns noch nie wirklich gestritten. Obwohl wir längst nicht immer einer Meinung sind und nicht mal dieselbe Partei wählen. Wir können wunderbar miteinander verreisen und stundenlang gemeinsam schweigen, ohne zu fürchten, dass wir uns nichts mehr zu sagen haben. Wir können uns immer noch ein ›ich hab's dir ja gleich gesagt!‹ verkneifen. Ganz egal, wie beleidigend die andere vorher bezweifelt hat, dass man – natürlich – recht hat. Wir kennen uns schon so lange, dass wir im Lokal auch locker für die andere mitbestellen können. (Ja, sogar in einem China-Restaurant mit etwa 186 verschiedenen Gerichten.) Wir wissen außerdem sofort, was der anderen gefallen wird, wenn wir mal wieder gemeinsam shoppen. Obwohl oder gerade weil wir ganz unterschiedliche Geschmäcker haben. Klar, dass wir uns auch mitten in der Nacht anrufen könnten und nichts weiter zu sagen bräuchten als ›bring einen Spaten mit!‹, ohne dass die andere fragen würde, was genau es da zu begraben gibt. Sollte eine von uns jemals eine neue Niere brauchen, würden wir einander – falls es passt – selbstverständlich auch mit einem Organ aushelfen. Wir sind uns gleichzeitig sehr ähnlich und gerade so viel anders, dass es spannend bleibt. Kurz, wir haben etwas ganz Besonderes – eine innige und tiefe Freundschaft. Dass wir damit voll im Trend liegen, ist reiner Zufall. Denn natürlich haben wir einander nicht im Jahr 1990 gegenseitig als heißeste Kandidatinnen für das Freundinnen-Casting auserkoren, um drei Jahrzehnte später endlich auch mal Teil einer Hipster-Gemeinde zu sein. Es hat sich einfach so ergeben, dass wir uns aktuell mitten im ›Best-friends-forever-as-husband‹-Zeitgeist befinden. So nennt man in den USA das Phänomen, dass Freundinnen so etwas wie die besseren Ehemänner sein können. »Ich habe endlich die Frau gefunden, die ich heiraten möchte!«, sagt etwa die Schauspielerin Amy Poehler über ihre Freundin Tina Fey, Amerikas erfolgreichste Komödiantin. Dass beide eindeutig und nachweislich keinerlei erotische Interessen aneinander haben, spielt dabei keine Rolle. Es ist ja gerade diese Leidenschaft-ohne-Sex-Qualität, die Freundschaften zwischen Frauen so zuverlässig, so großartig, so einmalig und so verbindlich macht. Mit wissenschaftlicher Bestätigung. Denn laut Studien hält eine durchschnittliche Ehe heutzutage bloß noch 13,9 Jahre, während eine Freundschaft mit 24 Jahren mittlerer Laufzeit es auf beinahe doppelt so viel Zuverlässigkeit bringt. Zig medizinische und psychologische Studien bestätigen zudem, dass, wer Freunde hat, gesünder, zufriedener und länger lebt und ein höheres Selbstwertgefühl hat. Schon die pure Anwesenheit von Freunden senkt nachweislich den Stresslevel. Und egal, welch kniffliges Problem ansteht – ›Lieber die grüne oder die rote Bluse?‹ – ›Eher der feste, aber langweilige Job oder die aufregende, aber riskante Selbständigkeit?‹ –, es genügt schon, einen Freund in der Nähe zu wissen, und schon schätzt man einen Berg auch im Wortsinn niedriger ein. Eine Wirkung, die ein Ehepartner nicht unbedingt immer hat. Vielleicht ist das ja der Grund, weshalb Frauen länger leben: Sie haben Freundschaft einfach besser drauf. Es liegt am jahrelangen Training. Schon kleine Mädchen sind eher auf wenige engere Kontakte mit Gleichaltrigen aus, während Jungs sich in großen Gruppen wohler fühlen. Und wir räumen unseren Freundschaften nun endlich auch ganz offiziell einen höheren Stellenwert ein. Klar gab es schon immer innige Frauenfreundschaften, aber sie galten in der Öffentlichkeit stets nur als zweite Wahl. Zumal, wenn ein Ehemann die Lebensbühne betrat. Mittlerweile ist es oft sogar umgekehrt. Man könnte auch sagen: Wir fusionieren längst die Vorzüge einer Ehe mit denen einer Freundschaft zu einer ›Liebe mit Verstand‹. Denn wir haben kapiert, dass es nicht nur das Schönste, sondern auch das Klügste ist, auf Freundinnen zu setzen. Sie stillen unser Bedürfnis nach Bestätigung, Austausch, Nähe, unterstützen und ermutigen, wissen manchmal besser als wir selbst, was gut für uns ist, sind jederzeit ansprechbar, fürsorglich und auch herausfordernd. Und noch ein Produktvorteil: Im Unterschied zu Eltern, Geschwistern, Cousinen oder Cousins kann man sich seine Freundinnen aussuchen. Man braucht also nur die Netten, Lustigen, Klugen und die in sein Herz lassen, mit denen man richtig viel Spaß hat, gut reden kann und die wirklich für einen da sind. Ja, auch wenn man sechs Wochen lang durchheult, weil man den schlimmsten Liebeskummer auf diesem Planeten hat. Die anderen müssen halt draußen bleiben. So stellen wir uns das vor. Aber ganz so einfach ist es oft nicht.

Wo zwei Menschen zusammenkommen, treffen immer auch zwei Vorstellungen aufeinander. Von Nähe, von Glück, Freude und von der Zahl der WhatsApp-Nachrichten, die man mindestens austauschen sollte, damit man auch weiß, dass es Freundschaft ist. Kann es außerdem nur eine geben, oder darf man auch die 297 Facebook-Kontakte als Freunde bezeichnen? Was steht im Kleingedruckten unserer Erwartungen aneinander? Wie viele darf man davon haben? Ist so eine freiwillige Übereinkunft wie Freundschaft stabil genug, um auch dann zu tragen, wenn einer sehr krank wird oder arbeitslos und plötzlich nicht mehr für die schönen Seiten des Lebens zur Verfügung steht? Wie sieht die Freundschaft ohne all den Starrummel aus, ohne das Make-up, mit dem die Medien sie regelmäßig ausstatten? Halten wir eigentlich, was Freunde sich von uns versprechen? Ist sie nicht auch furchtbar anstrengend, die Verpflichtung, die man mit Freundschaften eingeht? Gibt es ein natürliches Freundschaftsablaufdatum? Welche Freundschaft ist besser – die zwischen Männern oder die zwischen Frauen? (Die zwischen Frauen natürlich, würden die Frauen IMMER sagen – und haben damit meist schon ein dickes Freundschaftsproblem.) Können wir auch mit Männern befreundet sein? Ohne wenigstens einmal Sex haben zu wollen? Oder gar, wenn man schon mal ganz viel Sex gehabt hat – es sich also um einen Ex-Lover handelt? Wie kann man jemals sicher sein, dass die Freundschaft nicht geht, wenn ein Mann ins Spiel kommt? Oder eine andere Frau? Ist man automatisch miteinander befreundet, wenn man sich liebt? Ist die ideale Freundschaft wie eine Art Synchronschwimmen, oder gilt, was Goethe postulierte: »Mit einem kritischen Freund an der Seite kommt man immer schneller vom Fleck«? Hört beim Geld wirklich die Freundschaft auf? Oder zeigt sich da nicht vielmehr, ob es Freundschaft ist? Vor allem aber: Wie findet man eigentlich beste Freunde? Und nehmen wir Freundschaften zu schwer oder doch zu leicht? Ach, es ist kompliziert. Zum Glück sind wir beste Freundinnen und werden das Problem schon irgendwie wuppen und, wie meistens, gemeinsam Antworten auf all die Fragen finden, die einem die Freundschaft stellt. Und das sind nicht wenige. Deshalb haben wir auch einige besonders herausgestellt – schon um möglichst all den Themen gerecht zu werden, die unsere Freundschaften begleiten. Denn so schön und einmalig und wunderbar die Freundschaft ist, so rätselhaft, zermürbend, frustrierend und flüchtig kann sie sein. Es gibt eben kein Essen ohne Abwasch und keine Freundschaft ohne Herausforderungen. Deshalb dieses Buch – es soll Ihr Freundschaftsleitstern sein ...*

* Wir kennen und lieben uns seit dreißig Jahren und wollen mit diesem Buch vor allem auch dieses besondere Wir-Gefühl würdigen, das es so nur zwischen Freundinnen gibt. Wenn wir hier trotzdem vorwiegend in Ich-Form schreiben, dann, weil wir eben immer auch noch zwei sind – und jede über weite Lebensstrecken ihre eigenen Freundinnenerlebnisse hatte und ihren eigenen familiären Background mitbringt. Es wäre nur mit Verlusten an Lesbarkeit zu machen gewesen, die jeweiligen Erinnerungen jeweils mir oder ihr zuzuordnen. Deshalb haben wir uns hier für die erste Person Singular entschieden. Wir hoffen, Sie verstehen das, und lesen immer auch »Wir« wo »Ich« steht. Denn auch wenn wir nicht immer und in allem einer Meinung sind (zum Beispiel, was die optimale Haarlänge für die Frau ab 50 anbelangt), teilen wir absolut all die Haltungen, mit denen wir uns hier beschäftigen und die wir mit Erlebnissen aus unseren ganz privaten Freundinnentagebüchern dokumentieren.

Kapitel 1

Willkommen in der Arbeitsgruppe »Freundschaft«

»Stell dir vor, du bist eine Marzipankartoffel.
Du wirst nicht jedem gefallen,
aber es gibt immer jemanden,
dessen Lieblingssüßigkeit du bist.«

Kindergeburtstag und Beichtstuhl

Eine Freundin organisiert gelegentlich Seminare, in denen man sich und sein Frausein besser kennenlernen soll. Sie hatte mich schon einige Male herzlich dazu eingeladen. Und ich hatte genauso oft ganz herzlich abgesagt. Ich dachte, ich spreche ja sowieso dauernd mit anderen Frauen, und konnte mir nicht vorstellen, was man mir überhaupt noch Neues über meine Geschlechtszugehörigkeit beibringen könnte. Ich meine, ich bin jetzt bereits über 50 Jahre lang Frau, da sollte man doch eine gewisse Expertise voraussetzen können. Irgendwann hatte ich aber so oft vorgegeben anderes zu erledigen zu haben, dass ich ein wenig um unsere Freundschaft fürchtete. Immerhin lautet eine meiner obersten Freundschaftsregeln – ›Wen man mag, für den interessiert man sich auch. Inklusive allem, was zu diesem Menschen gehört, was ihn ausmacht und bewegt. Ja, sogar, wenn er Kakteen züchtet oder Bierdeckel sammelt oder Farbe beim Trocknen zuschaut.‹ Also sagte ich ja, und zwar zum Thema ›Frauen in der Lebensmitte‹. Nachdem wir alle unsere Namensschildchen hatten, wurden wir aufgefordert,

17

ganz spontan und sehr laut herauszurufen, was uns zu unserem Frausein in der Lebensmitte einfällt. Genau das hatte ich befürchtet: eine Mischung aus Kindergeburtstag und Beichtstuhl. Aber nun war ich einmal hier, da wollte ich auch alles richtig machen. Meine erste Assoziation zu ›Frauen in der Lebensmitte‹ war: »Endlich wird das Kinderzimmer frei!«, woraus eine andere »ich könnte heulen, wenn ich daran denke, dass meine Tochter nächstes Jahr auszieht« machte. Als jede ihr Thema beigetragen hatte, fassten wir alles in inhaltlich passende Blöcke zusammen und bildeten Arbeitsgruppen dazu. Es standen zur Wahl ›Schönheitswahn‹, ›Menopause‹, ›Leeres-Nest-Syndrom‹, ›Zukunftsängste‹ und ›Freundschaft‹. Ich nahm Letzteres. Ich meine, ich habe Freundinnen, seitdem ich im Kindergarten war, und besitze also nachweislich einige Freundschaftskompetenzen. Ich dachte außerdem, dass Freundschaft für alle so ungefähr dasselbe bedeutet und dass über Freundschaft zu sprechen ja praktisch so etwas wie der größte gemeinsame Nenner von Frauen sei. Als würde man eine Petition zum Schutz der Wale herumreichen, wären sich sicher alle sofort einig und wir würden einträchtig auf einer Welle gegenseitiger Sympathie surfen. Ich glaube, das letzte Mal, dass ich mich so irrte, war, als ich annahm, dass mir Senfgelb super stehen wird.

Salz auf unsere Wunden

Klar weiß ich, dass die Menschen verschieden sind. Bislang war ich allerdings überzeugt davon, dass wir allüberall darin übereinstimmen, was eine gute Freundschaft ausmacht. Dass sie leicht, beschwingt, beflügelnd sein sollte. So wie für mich. Dass man ohne große Worte bestens miteinander auskommt und, wo man anders tickt, großmütig toleriert, eben nicht alles teilen zu können. Jetzt lernte ich in der ›Arbeitsgruppe Freundschaft‹ von – laut Namensschildchen – Carola, Sibylle, Eva, Marion und Alexandra im Crash-Kurs, wie sehr man sich täuschen kann. Dass es nämlich Frauen gibt, für die die Freundinnenauswahlkriterien viel zu ernst sind, um sie mal eben – so wie ich es versuchte – mit einem munteren »Hauptsache, ich kann mich darauf verlassen, dass sie mir eine Niere spenden würde, wenn ich mal eine brauche!« abzuhaken. Während ich etwa die Qualität meiner Freundschaften gerade darin sehe, wohlwollend davon auszugehen, dass die andere toll findet, wer ich bin und was ich tue, hatten andere Frauen da ganz andere Freundschaftszugangsvoraussetzungen. Carola meinte jedenfalls, »das würde mir niemals reichen!«, und sah mich dabei so mitleidig an, als hätte ich mein Leben bislang in Freundschaftsfavelas gefristet. Sie sagte, sie würde da deutlich mehr an Zuwendung, Verständnis und vor allem »Auseinandersetzung« erwarten. An »aktiven« Herausforderungen in Form von Kritik. Am besten regelmäßig vorgetragen. »Ich möchte wissen, was an mir nicht so gut ist! Ich will hören, wo ich noch nachbessern sollte. In meiner Persönlichkeit wie an meinem Äußeren und natürlich bei meiner Arbeit, und genauso will ich das umgekehrt einer Freundin direkt sagen können, wenn mir da was nicht gefällt.« Ich wandte ein, dass man sich seine Freundinnen doch gerade deshalb aussucht, weil man sie überwiegend hinreißend findet. Und dass ich bestimmt in Tränen ausbrechen würde, wenn mir meine Beste einfach so ins Gesicht sagt, dass ich heute furchtbar aussehe und auch mal wieder ein paar Kilo abnehmen könnte. »Aber wenn es so ist?«, fragte Carola uncharmant. Und ich: »Dann weiß ich das doch selbst und brauche niemand, der auch noch Salz in all die Wunden streut.« »Aber wie willst du jemals weiterkommen im Leben, wie soll deine Persönlichkeit wachsen, wenn man dir immer alles durchgehen lässt? Willst du Freundinnen oder einen Fanclub?«, wollte Carola wissen. Ich finde ja, dass das eine das andere keinesfalls ausschließen sollte. Nicht, weil ich so eitel wäre, sondern weil ich auch liebend gerne andere Frauen bewundere. Aber das brauchte ich nicht zu vertiefen, denn nun mischte sich Sibylle in die Diskussion ein. »Ich finde es unmöglich, wenn jetzt auch noch wir Frauen anfangen, einander runterzumachen. Dazu brauche ich keine Freundin, das hat schon mein Mann erledigt, bevor ich mich von ihm habe scheiden lassen.« Ehe ich mich noch darüber freuen konnte, dass mich hier wenigstens eine versteht, breitete Sibylle vor uns Freundinnenansprüche aus, die sich für mich anhörten, als hätte sie sie aus einem Stalker-Handbuch abgeschrieben: »Ich finde, Freundinnen sollten total offen sein. Ich erwarte absolute Ehrlichkeit. Ich will alles wissen und auch alles sagen dürfen. Und ich erwarte außerdem, dass wir ständig in Kontakt sind, schon, um auf dem Laufenden zu bleiben. Ich will schließlich teilhaben am Leben meiner Freundin, und umgekehrt soll sie auch Teil meines Lebens sein.« Sibylle erzählte, wie enttäuscht sie etwa damals war, als sie in ihrer Frauenwohngemeinschaft das Tagebuch ihrer besten Freundin gelesen hatte und dort Dinge erfuhr, die ihr bislang verschwiegen worden waren. »Moment mal!«, sagte ich. »Du hast IHR TAGEBUCH gelesen? Ohne ihre Erlaubnis?« »Das musste ich ja!« Sibylle schien jetzt wirklich empört, und zwar über meine Begriffsstutzigkeit. »Ich habe es ganz zufällig gefunden, als ich in ihrem Zimmer etwas gesucht habe.« Da war nicht mal der Hauch eines schlechten Gewissens. Im Gegenteil. Als ihre Freundin am Abend nach Hause kam, hat sie sie direkt noch zur Rede gestellt, wegen »des Vertrauensbruches«. Sie meint, dass ihrer Beziehung einfach die Innigkeit und »Ehrlichkeit« gefehlt hätte, die ihr so wichtig sei. Zumal die Tagebuchschreiberin der Meinung war, dass ihr das deutlich zu weit gegangen sei. Sibylle: »Ich hatte ja geahnt, dass sie nicht alles erzählt. Und nun stand da schwarz auf weiß, dass sie mir wichtige Dinge aus ihrem Leben verschwiegen hatte.«

Das Freundschaftsförmchen

So ging es weiter mit der Feststellung, dass es offenbar ebenso wenig eine Freundschaft für alle gibt, wie Liebe für alle dasselbe bedeutet. Dass wir hier wie dort ganz und gar unterschiedlich empfinden oder auch Verschiedenes brauchen, jeder für sich seine eigenen Beziehungskoordinaten, sein eigenes Freundschaftsförmchen mitbringt, ganz individuelle Bedürfnisse, Sehnsüchte erfüllt und auch Defizite ausgeglichen haben will. Praktisch jede der Frauen hatte ihr eigenes – teilweise sehr detailliertes – Bedarfsprofil. Die eine sagte, sie brauche in Freundschaften sehr, sehr viel Bestätigung. »Ich würde mich schlecht und unterlegen fühlen mit einer Frau, die viel klüger, hübscher, erfolgreicher ist als ich.« Eine andere fand das Thema für sich enorm kompliziert. So kompliziert, dass »ich immer total unsicher bin, wie genau man nun seine Gefühle dosiert«. Stets würde sie die potenzielle Enttäuschung der anderen mitdenken und deshalb eher Freundinnen bevorzugen, die wenig Ansprüche stellen. Im Stillen leistete ich meiner Freundin, der Seminarleiterin, Abbitte. Das hier war viel spannender, interessanter und lehrreicher als jeder Spätkrimi. Nachdem gerade jede der sechs Frauen grundverschiedene Vorstellungen darüber vorgetragen hatte, was für sie eine gute Freundin ausmacht, staunte ich darüber, wie es überhaupt zwei Frauen jemals gelingt, so viele und so entschiedene Bedürfnisse und Erwartungen unter einen Hut zu bringen. Haben wir vielleicht einen serienmäßig eingebauten Radar dafür, wer zu uns passt und wer nicht? Eine Fernsteuerung, die uns immer zu genau der Frau bringt, mit der wir am besten ›matchen‹? Auch ohne Hilfe von Tinder und Parship? Ganz allein? Warum nutzen wir diesen Radar dann nicht auch bei Männern? Oder kehren wir etwaige Unterschiede zwischen uns und unseren Freundinnen – wie in der Liebe – oft einfach unter den Teppich? Weil wir es gern harmonisch haben und Konflikte nur schwer ertragen. Besonders mit unseren Freundinnen. Gehört die ganze Idee von einer grundsätzlich wohlwollenden Frauensolidarität, davon, dass wir alle irgendwie kompatibel sein sollen, bloß weil wir Frauen sind, vielleicht dorthin, wo auch Dornröschen, der Osterhase und die Zahnfee zu Hause sind?

Obwohl, wenn jede von uns ihr eigenes Freundschaftsförmchen mitbringt, dann kann ich ja sowieso nicht erwarten, dass alle in mein Förmchen passen – und umgekehrt. Offenbart sich wahre Freundschaft also am Ende gerade darin, dass sie nicht durch Anpassung bewiesen werden muss? Wenn man die bleiben darf, die man in die Beziehung mitgebracht hat? Ohne sich von Carola lebenslang anhören zu müssen, was ihr da gerade gegen den Strich läuft? Oder muss man – wie bei der Partnersuche überhaupt – einfach so lange suchen, bis man das perfekt passende Gegenüber gefunden hat? Ohne sich vorab große Gedanken darüber zu machen, ob das eigene Förmchen nicht vielleicht viel zu speziell ist? Für den Anfang würde ich sagen: Mich entspannt allein schon die Feststellung, dass es so viele Unterschiede gibt. Ich finde es entlastend zu sehen, wie viel anders andere bei diesem Thema ticken. Vielleicht würde man an den bisweilen enorm verhärteten Freundinnenfronten endlich mal Frieden schaffen können, indem man sich ganz pragmatisch eingesteht, dass man verschiedene Ansprüche hat? Könnten wir uns so nicht nur manche Enttäuschung ersparen, sondern uns sogar näherkommen? Würde das nicht auch eine ziemlich stabile Brücke abgeben, in deren Mitte dann doch eine Menge Raum für all das wäre, was eine Freundschaft ausmacht? Plus dem kleinen Extra, das bei den großen Unterschieden ja immer mitgeliefert wird: den eigenen Horizont um einen ganz anderen zu erweitern? Oder ist das, was mir dazu einfällt, bloß ein weiteres Freundschaftseinhorn mit ganz viel Illusionsglitzer?

Allein unter Fischstäbchen

Fakt ist: Allein kulturell gibt es große Unterschiede, was jeweils unter freundschaftlicher Innigkeit verstanden wird. In Finnland, wo ein Teil meiner Familie lebt, gilt schon die Frage »Wie geht's dir?« als extrem indiskret. Genauso gut könnte man sich bei einem Finnen erkundigen wollen, wann er das letzte Mal Sex gehabt hat. Nur weil die Finnen dauernd in die Sauna gehen und sich gegenseitig nackt sehen, bedeutet das nicht, dass sie auch emotional gern die Hüllen fallen lassen. Im Gegenteil. Einen Finnen oder eine Finnin wie ein Fischstäbchen für den Freundschaftsverzehr auftauen zu wollen, indem man ihm oder ihr einen gemeinsamen Cafébesuch vorschlägt, bloß weil man seit zwei Jahren etwa in demselben Büro sitzt, gilt als total übereilt und schockierend übergriffig. Erschwerend kommt hinzu, dass die Freundschaftsanbahnung dort praktisch nach der Schule abgeschlossen ist. Wer danach ins Land kommt, der sollte seine Freunde lieber gleich mitbringen oder sich einen Hund anschaffen, wenn er sich in den nächsten fünf Jahren mal richtig aussprechen will. Auch Engländer halten selbst in engen Freundschaften eher auf Distanz und würden einen Puerto-Ricaner damit schwer beleidigen. Der muss sein Gegenüber bis zu 180-mal in der Stunde berühren, um sich wohl zu fühlen. In Japan, wo die Distanzzonen so weit bemessen sind, dass sich selbst unter Verwandten die Anschaffung eines Fernglases und eines Megaphons lohnen würde, sind offensive Gefühlsausbrüche ebenfalls absolut verpönt. Eher bleibt man immer hübsch an der Oberfläche und kann schon froh sein, wenigstens dafür jemanden zu haben. Die meisten der jüngeren Generation sind Einzelkinder. Einfach, weil Nachwuchs teuer ist und kaum jemand weiß, ob er nächstes Jahr noch eine Familie finanzieren kann. Immerhin haben in Japan über 40 Prozent der Werktätigen keine feste Stelle. Eigentlich gute Ausgangsbedingungen für Freundschaften als soziales Netz und sicherer Halt in schweren Zeiten. Aber der Existenzdruck und auch die strengen Regularien im Umgang miteinander haben vor allem Einzelkämpfer hervorgebracht. Schon Kinder sind hauptsächlich damit beschäftigt, den harten Selektionsdruck in der Schule auszuhalten, um am Ende vielleicht zu den bloß fünf Prozent der Oberschulabsolventen eines Jahrgangs zu gehören, die die Aufnahmeprüfung an der besten Universität bestehen. Schlechte Wachstumsbedingungen für Freundschaften, gut für Agenturen, die mit wachsender Nachfrage Selfie-Partner und Begleiter für einen Besuch im Vergnügungspark, für Feiern und Feste oder für den Besuch bei den Eltern vermitteln. Allein 800 Schauspieler hat etwa der professionelle Freundschaftsverleiher Family romance in der Kartei, die sich als ›friends‹ präsentieren lassen. Erstaunlich eigentlich, dass man sich dafür akustisch so nahe kommt wie hierzulande kaum die engsten Freunde – zum Glück. Denn selbst in den schicksten japanischen Restaurants wird Wildfremden mit lautstarkem Schlürfen demonstriert, was zumindest ein Europäer auf diese Weise so genau gar nicht wissen wollte: Wie großartig es einem schmeckt. Anders in den USA. Da braucht man nur mal in einen Diner zu gehen und fühlt sich gleich aufgehoben und verstanden. Jedenfalls von der netten Bedienung Kate, die einem gleich mal die wichtigsten Hürden für eine Annäherung nimmt. Sie fragt, woher man kommt, wie es einem in der Stadt gefällt und dass sie ganz unbedingt mal nach Berlin reisen will. Möglich, dass man recht schnell auch zu hören bekommt, man müsse »unbedingt mal vorbeischauen«, und schon nach zwei Begegnungen als »gute Freundin« vorgestellt wird, ohne dass man sich dafür mit langen Gesprächen über Kindheit, Hobbys und Ehekrisen qualifizieren musste. Leider stellt sich genauso zügig heraus, dass man damit allenfalls eine lose Verabredung darüber hat, dass man sich kennt und irgendwie mag. Und zwar auf die Art, auf die die meisten Menschen auch Blumen, Hundewelpen oder Schokolade mögen. Keinesfalls aber hat man wechselseitig den bisweilen telefonbuchdicken Freundinnenvertrag mit seinen tausend Verbindlichkeiten und AGBs (Allgemeine Gefühlsbedingungen) unterschrieben, der in Deutschland üblich ist. Die Amerikaner sehen in der Familie immer noch die wichtigste und verlässlichste Bindung. Dennoch war es bei der Besiedelung des Landes manchmal überlebenswichtig, in einer neuen Umgebung möglichst schnell Kontakte zu knüpfen. Deshalb diese kulturell bedingte stille Übereinkunft, dass man grundsätzlich freundlich zueinander ist und einander unter die Arme greift.

Tränen zum Tee

Auch was die Belastungsgrenzen von Freundschaft anbelangt, gibt es deutliche Unterschiede. In den ehemaligen GUS-Staaten etwa sollte man möglichst nicht nur die Geburtstage der ganzen Familie von Bekannten, sondern ebenso Hochzeits- und Namenstage und andere wichtige Jubiläen auf dem Zettel beziehungsweise in seinem Kalender haben. Und zwar die von der für Internetanschlüsse zuständigen Dame ebenso wie die des Chefs, der Stationsschwester im Krankenhaus, in dem die Mutter gerade liegt, und natürlich des für sie zuständigen Arztes. Potenziell alles Freunde, weil Freundschaft in Russland die hohe Kunst beschreibt, das Nützliche mit dem Angenehmen zu verbinden. Beziehungen ersetzten, insbesondere in der Sowjetzeit, die nicht funktionierenden Institutionen. Um bestimmte Waren zu bekommen, musste man eine Bekannte in einem Lebensmittelgeschäft haben. Wollte man sein Kind in einer bestimmten Schule anmelden, stellte man sich besser mit der Direktorin gut. Soziale Netzwerke waren für alle und alles entscheidend. Deshalb auch die Übereinkunft, kleine Gefälligkeiten und auch sehr große Gefallen zu erwarten und zu erwidern.

Meine Schwägerin hat in St. Petersburg studiert und eine Weile gearbeitet und dem Rest der Familie anlässlich einer Reise tiefe Einblicke in die besonderen Erwartungen an Beziehungspflege dort gewährt. Ich fand es erst wahnsinnig nett und dann unglaublich anstrengend, wie hoch und offensiv die Erwartungen an Freundschaft sind. Wie man hier plötzlich in Wohnungen von Leuten sitzt, nur weil die jemanden kennen, der jemanden kennt, der mit meiner Schwägerin befreundet ist. Und wie man dann gänzlich umstandslos zur Sache kommt, wenn man etwas will: einen Kontakt nach Deutschland, etwas verkaufen, eine finanzielle Unterstützung – nur vorübergehend –, weil ständig alle blank sind und die Lebenshaltungskosten explodieren. Niemand findet etwas dabei, das alles direkt anzusprechen. Zwar eingebettet in eine unglaublich großzügige Gastfreundschaft, zu der selbstverständlich Wodka und auch Schampanskoje gehörten. Aber unter konsequentem Verzicht auf die langwierigen Umwege, die wir aus dem Westen gewöhnlich nehmen, weil wir denken, wir müssten eine Freundschaft erst mal über Jahre einer Intensivpflege unterziehen, bevor wir sie mit anspruchsvollen Aufgaben strapazieren dürfen. Einmal waren wir nachmittags bei einem Professor und seiner Frau, einer Opernsängerin, eingeladen.

Wir saßen an ihrem fürstlich gedeckten Tisch mit Tee aus einem reichverzierten Samowar, mit Pfannkuchen und hausgemachter Marmelade und einer so herzlichen Atmosphäre, als hätte gerade einer von uns in die Familie eingeheiratet. Die Frau legte eine von ihr besungene Schallplatte auf. Kaum lief das erste Stück, brachen erst sie und dann er in Tränen aus. Wir waren etwas peinlich berührt. Meine Schwägerin tat, was wohl erwartet wurde; sie griff nach der Hand der Frau und übersetzte uns, was diese nun unter Schluchzen erzählte: Wie fies sie aus der Oper gemobbt worden war und wer da mit wem gegen sie paktiert hatte. Um gleich nachzuschieben, wie glücklich sie sei, uns bewirten zu dürfen. Ganz sicher würden wir für sie einen Termin an der Frankfurter Oper arrangieren können. Nur ein Vorsingen. Nichts Besonderes. Und wo wir gerade beim Thema waren, schaltete sich auch ihr Mann ein und meinte, er habe da ein paar wertvolle Ikonen gesammelt, die er gern verkaufen würde. Darüber könnte ich doch bestimmt mit dem Direktor des Frankfurter Ikonen-Museums sprechen. Er hatte sich offenbar gut informiert. Aber nicht gut genug. Ich sagte auf Deutsch zu meiner Schwägerin, dass wir weder zu der einen noch zu der anderen Institution Kontakte hätten. Sie meinte, hier würde die Vorstellung vorherrschen, dass wo ein Wille sei, sich auch immer ein Weg auftut. Daheim in Deutschland hätte ich gedacht, dass uns unsere Gastgeber in eine unmögliche Situation brachten. Hier schien das ganz normal. Das Paar ging fest davon aus, dass wir erledigen würden, worum es uns gebeten hatte, und fasste sich rasch wieder, um quasi übergangslos auf leichtere Themen zu kommen. Das Marmeladenrezept ihrer Großmutter zum Beispiel. Aus St. Petersburg zurück, bin ich dann tatsächlich im Frankfurter Ikonen-Museum vorstellig geworden. Es hat zwar nichts gebracht – schon wegen der zu Recht strengen Bestimmungen, was den Transfer von Kunstgegenständen anbelangt –, zumal, wenn sie aus dubiosen Quellen stammen. Aber ich hatte dabei auch erfahren, dass man einfach nur fragen muss, wenn man etwas will oder braucht. Selbst wenn es sich um größere Gefälligkeiten handelt. Dass ich das Paar nie mehr gesehen habe, lag allerdings nicht daran, dass ich mit meiner Mission gescheitert war. Wäre ich jemals wieder nach St. Petersburg gekommen, hätte ich jederzeit mit einer Einladung rechnen dürfen. Meine Schwägerin versicherte mir, das russische Herz sei groß und ganz und gar nicht nachtragend. Zumal man ja dort selbst dauernd erlebe, wie man trotz bester Absichten oft einfach an den Widrigkeiten des Alltags scheitere. Das hat Vor- und Nachteile, wie ich von Freunden weiß, die sehr innige Beziehungen zu einer Familie in Moskau unterhalten. Mehrfach hatten sie dem Paar bereits ›leihweise‹ Geld geschickt und nie etwas zurückerhalten. Trotzdem wurde – mit einigem Nachdruck – wieder eine ziemlich große Summe angefragt. »Diesmal haben wir nicht überwiesen«, sagte Martin, der den Moskauer Familienvorstand noch aus Studienzeiten kennt. »Schließlich würden wir auch dieses Geld nicht wiedersehen.« Dennoch wurde er wieder herzlich nach Moskau eingeladen. Auch ein klares Nein steht einer Freundschaft offenbar nicht im Wege.

Beipackzettel für Fortgeschrittene

Doch zurück zu ›Frauen in der Lebensmitte‹. Denn nun sagte Eva, was sie von einer Freundin erwarten würde. »Spontaneität!«, fiel ihr als Erstes ein. Und dass man, um sich diesen besonderen Grad der Beziehung bei ihr zu verdienen, jederzeit für eine Verabredung ansprechbar sein sollte. »Ich hasse es, irgendwo anzurufen, um dann zu hören, dass es erst in drei Wochen ein kleines Zeitfenster zwischen 17 und 21 Uhr für ein Treffen gibt.« Gleichzeitig betonte sie aber auch, wie unerträglich sie es findet, wenn Leute einfach so bei ihr vorbeischneien, ohne sich vorher erkundigt zu haben, ob sie nicht vielleicht gerade nackt bis auf eine Gurkenmaske auf dem Sofa liegt. Ich dachte, ›gut, dass wir darüber gesprochen haben!‹, weil ich von allein nicht so einfach darauf gekommen wäre, dass es zwar hochwillkommen sein könnte, sofort für ein Picknick im Grünen zur Verfügung zu stehen, aber eben nicht, dies, ausgestattet mit Kühlbox und Liegedecke, direkt vor der Haustür kundzutun. Finessen, die sich in null Komma nichts in XXL-Fettnäpfchen verwandeln können. Schließlich weiß man selbst oft vorher gar nicht, was einen nachher so richtig übel nerven wird: sich entweder kaum oder ständig melden. Total beleidigt sein, wenn einem der Film gefällt, den die andere »grauenhaft« findet. Nie sagen, wenn sie eigentlich lieber italienisch als asiatisch essen gegangen wäre oder lieber in die Berge als an die See reist. Also jedenfalls nicht gleich. Sondern frühestens nach etwa 30 Jahren. So wie Martina, eine Freundin aus frühen Schultagen, die es, wie sie mir kürzlich sagte, »echt übel« von mir fand, dass ich mich damals – in der siebten Klasse – für Latein und nicht wie sie für Französisch entschieden hatte. Mir war mit zwölf Jahren offenbar nicht die Dimension dieser Wahl klar, zumal wir ja immer noch auf derselben Schule waren und nicht ich, sondern mein Vater das Große Latinum eine gute Idee fand (vermutlich hoffte er, dass mir das später den Weg zu einem Job als international gefragte Herzchirurgin ebnen würde – es führte allerdings nur direkt zu einem ziemlich mittelmäßigen Abidurchschnitt). Kurz, es ist tatsächlich etwas sehr Persönliches, wenn Frauen jeweils etwas anderes unter Freundschaft verstehen. Aber letztlich hat wenig davon wirklich etwas mit dem Gegenüber zu tun. Und mal ehrlich, gerade in richtig innigen Freundschaften gibt es am Ende dann doch immer noch ein Extra. Etwas, das stärker ist als die Theorie, wie sie zu sein hat: die Chemie. Auch da verhält es sich ähnlich wie mit der Liebe: Fragt man Singles nach ihrem Beuteschema, dann sagen sie ja auch »bloß keinen Fußballfan mehr« oder »ein Skorpion kommt mir nicht mehr über die Schwelle« oder »mein Traummann muss wenigstens den Unterschied zwischen ›als‹ und ›wie‹ kennen!«. Dann treffen sie einen, bei dem das alles plötzlich total unwichtig ist.

Wie eine Freundin, die sich haltlos in einen Kerl verliebte, der in Jogginghosen zum ersten Date erschien und mit dem sie nun schon lange ziemlich glücklich zusammenlebt. Die Vernunft mag vielleicht sagen: »Das passt überhaupt nicht!« Aber das Gefühl entdeckt dann doch etwas, das ganz wunderbar matcht. Weil es einen vielleicht an etwas erinnert, das man an sich selbst vermisst, weil es hoffen lässt, dass manche Eigenschaften abfärben. Solche wie Witz, Charme, Disziplin, Leichtigkeit, Ehrgeiz. Weil die andere einfach so ist, wie sie ist, und man sich bei ihr gar nicht erst fragen muss, was sie so besonders macht.

Frauen für gewisse Stunden

Es gibt so viele großartige, wunderbare, schlaue, witzige, mutige, toughe und überhaupt inspirierende Frauen – leider kann man schon aus zeitlichen Gründen nicht mit allen befreundet sein. Was ich wirklich bedaure. Ich liebe es, mit spannenden Frauen zu essen, unterwegs zu sein, zu reisen, zu arbeiten. Dabei entdecke ich oft genug Übereinstimmungen mit solchen, von denen ich anfangs dachte, dass ich mir mit ihnen allenfalls dasselbe Sonnensystem teile. Vielleicht längst nicht in allen Bereichen, die gewöhnlich für Freundschaften als unerlässlich gelten – aber genug, um sozusagen dranzubleiben und Kontakt zu halten.

Zum Beispiel zu Martina. Mit keiner sonst kann man so gut um die Häuser ziehen. Immer noch. Schließlich ist sie auch schon über 50. Dafür muss man sie schon mal persönlich aus dem Bett ziehen, will man mit ihr leidlich pünktlich einen Zug oder ein Flugzeug erreichen. Termine sind nicht so ihr Ding. Ob es sich nun um Steuererklärungen oder Verabredungen handelt. Martina ist total verpeilt und deshalb auch ständig überbucht. Nachdem ich schon viel Zeit in Kneipen damit verbracht habe, mir erst Sorgen zu machen, ob sie irgendwo im Straßengraben liegt, um dann total beleidigt zu sein, haben wir einen Deal: Wenn sie mehr als eine Viertelstunde zu spät kommt, übernimmt sie die Kosten für den Abend. Kommt sie gar nicht – was auch schon mal passiert ist –, habe ich Anspruch auf eine Gratisbehandlung. Martina ist nämlich die beste Kosmetikerin weit und breit. (Fragen Sie nicht, wie sie das mit ihren Kundinnen hinbekommt ...) Das funktioniert ganz gut. Schwerstens beeindruckt hat sie mich, als eine andere Freundin ihren Mann verloren hatte. Ich habe noch nie erlebt, dass ein Mensch einen anderen so gefühlvoll getröstet hat. Da hat sie uns alle überrascht. Gerade die, die sie für eine oberflächliche Partymaus gehalten hatten. Auch Ernestine bringt vielleicht nicht gerade die idealen Voraussetzungen für eine Freundschaft mit. Sie ist wahnsinnig kompliziert und als ein totaler Gesundheitsfreak dauernd damit beschäftigt, ihr Leben in Bereiche zu verlängern, für die man einen Eintrag ins Guinessbuch der Rekorde verdient. Nicht gerade beste Voraussetzungen für entspannte Verabredungen. Klar, dass man mit ihr nicht bis in die Puppen in der Kneipe herumhängen kann. Erstens trinkt sie keinen Alkohol, zweitens erklärt sie einem gern mal, wie viele Kalorien man da gerade zu sich nimmt, was Rohkost am Abend in einem ahnungslosen Darm anrichtet und wie sich ein harmloser Hamburger zum Todesengel wandelt. Außerdem braucht sie ihren Schlaf, und zwar den, der pünktlich um 22 Uhr beginnt. Das ist ein Naturgesetz. Sollte man also einmal um 22.30 Uhr mit dem Auto auf einer finsteren Landstraße liegenbleiben oder mit den schlimmsten Bauchschmerzen der Welt rechts unten aufwachen, kann man sich den Anruf bei ihr sparen. Dafür hat sie jemandem, den sie eigentlich gar nicht gut kennt, eine ziemlich große Summe geliehen, als der vorübergehend ziemlich klamm war. Am Ende ist an fast jeder Frau etwas, in das man sich verlieben könnte. Man muss diesem Etwas nur Gelegenheit geben, sich zu zeigen. So wie in einer meiner Lieblingsserien »Suburgatory«. Einer der Hauptcharaktere ist Dallas Royce, eine typische US-Vorstadthausfrau und Mega-Barbie, ausgestattet mit nicht ganz naturgegebenen Kurven, einer Überdosis an Solariumbräune, Blond, Pink und Zähnen, so grellweiß wie Lichtdome. Jedes einzelne Merkmal schreit in Großbuchstaben: »Ich bin BLÖD, OBERFLÄCHLICH, EGOMAN.« Tatsächlich zeigt sich im Laufe der Serie, dass gerade sie ganz schön lebensklug und enorm warmherzig ist.

Vielleicht sollten wir also Freundschaft nicht mit einer Stammzellenspende verwechseln, bei der mehr als 10 000 mögliche Merkmale hundertprozentig übereinstimmen müssen. Einerseits. Andererseits: So gut mir die Idee gefällt, dass jede von uns etwas in sich trägt, mit dem sie sich als Eins-a-Freundin qualifiziert, so sehr weiß ich auch, wie Ausnahmen diese Regel bestätigen. Frauen, mit denen man beim besten Willen keinen noch so kleinen gemeinsamen Freundschaftsnenner findet. Frauen, die es irgendwie einfach nicht draufhaben. Aber auch Freundschaften, die wie Schulterpolster, Modern Talking und Männer, die behaupten, nicht mal ein Spiegelei braten zu können, ihr Verfallsdatum überschritten haben. Manchmal bekommen aber auch gerade die herrlichsten Freundschaftsgelegenheiten nicht mal die kleinste Chance, zu erblühen. Denn da gibt es immer noch dieses Gerücht, dass

Männer und Frauen sich bloß auf eine Weise näherkommen können und dass eine Freundschaft zwischen beiden einfach nicht im Plan der Natur vorgesehen ist.

Fragen
an die Freundschaft

Ich gebe mir mit den Geschenken für meine Freundin wirklich Mühe und habe auch schon einige Volltreffer gelandet. Umgekehrt bleibt es meist beim aktuellen Sonderangebot einer großen Parfümeriekette ...

Es gibt mildernde Umstände: Manchen ist das schöne, aufmerksame Schenken einfach nicht gegeben. Ist wie Rotgrünblindheit, vermutlich angeboren. Nein, im Ernst: Seien Sie nicht so streng. Ihre Freundin hat sicher in anderen Bereichen ihren Großzügigkeitsschwerpunkt. Trotzdem brauchen Sie sich natürlich nicht vor Begeisterung zu überschlagen und können ruhig mal anmerken, dass sie ausreichend mit Bodylotion und Handcreme ausgestattet sind.

~

Ich mag meine Freundin sehr. Aber was mich wirklich nervt: Sobald ein Mann auftaucht, mutiert sie zum sexy Hasi, das sich für meinen Geschmack ein wenig zu sehr andient ...

Bei manchen Frauen wird das offenbar serienmäßig mitgeliefert: Sobald ein Mann in der Nähe ist, wird auf Verführungsmodus geschaltet. Bedeutet aber auch, dass man als Freundin sofort unter dem Aufmerksamkeitsradar fliegt. Das ist despektierlich und sollte also angesprochen werden.

Kapitel 2

Harry, Sally und die ewige Frage, ob Männer und Frauen Freunde sein können

»Männer brauchen Frauen um sich,
sonst verfallen sie unaufhaltsam in Barbarei.«
Orson Welles

Fortpflanzungsgelegenheiten

Männer und Frauen können nicht miteinander befreundet sein. Da käme ihnen zwangsläufig immer der Sex dazwischen. Das sagt Harry zu Sally in dem gleichnamigen Kultfilm von Regisseur Rob Reiner und der großartigen Drehbuchautorin Nora Ephron aus dem Jahr 1989. Tatsächlich führt der Film dann selbst den Beweis, dass er recht hat: Harry und Sally landen nach langer Freundschaft und großer Nähe erst im Bett und dann in den geordneten Bahnen einer Romanze. In der Serie »Friends« lief es ähnlich. Auch da mündeten zunächst freundschaftliche Beziehungen unweigerlich in einer Verlobung oder zumindest beim Sex. Und auch in »How I met your mother« sind Männer und Frauen letztlich eben doch nicht nur befreundet, sondern jeder hat mal was mit jedem. Ganz im Sinne von Oscar Wilde, der schrieb: »Zwischen Männern und Frauen ist keine Freundschaft möglich. Da gibt es nur Leidenschaften: Feindschaft, Anbetung, Liebe – aber keine Freundschaft.« Klar, wenn der nächste Sexpartner so naheliegt und man dafür nicht mal auf Tinder muss, weil man Noah oder Benedikt, Klaus oder Uwe noch aus der Schule, dem Studium oder der Lehre kennt und sie ohnehin dauernd sieht. Und außerdem wird Freundschaft ja nicht umsonst als die kleine Schwester der Liebe bezeichnet. Als wäre das Eigentliche, das Übergeordnete, die Superheldin der Gefühle, ohnehin unangefochten die Zweierbeziehung und die Freundschaft nur ein kleiner Umweg dorthin. Ein Fakt, über den wir in Frauenfreundschaften noch hinweggehen können. (Bis auf Knutschereien mit besten Freundinnen irgendwann in den 1970er Jahren, aus Neugier und um mal auszuprobieren, ob sich da, also erotisch gesehen, wirklich nichts tut.) Im Nahkontakt aber mit dem anderen Geschlecht schlägt der Gedanke, dass es nichts Harmloses gibt zwischen Männern und Frauen, aber voll durch. Da lautet die Theorie, dass die körperliche Anziehungskraft eben immer stärker sei als die Absichtserklärung, nur freundschaftlich miteinander zu verkehren. Das sei von der Evolution ja so eingerichtet. Die möge es nun mal nicht, Gelegenheiten zur Fortpflanzung ungenutzt verstreichen zu lassen. Deshalb hätte sie diese erotische Spurrinne in unserer DNA implantiert, aus der man nicht mal so eben aussteigen kann, wie es einem beliebt. In diesem Denkkosmos sei es dabei meist der Mann, der die – noch platonische – Freundin dann letztlich doch immer auf ihre Qualitäten als potenzielle Geliebte abchecke. Weil Männer einfach immer erotisch auf Sendung wären und eben nicht anders könnten. Ihr Trieb wäre eben stärker als jede Vernunft. Wer so denkt, der glaubt vermutlich auch immer noch, dass wir Frauen selbst schuld sind, wenn wir belästigt werden. Weil die Biologie Männern keine andere Wahl lässt. Ein ziemlich fragwürdiges Weltbild, in dem Frauen und Männer nur auf eine Weise miteinander verkehren können: indem sie über kurz oder lang Verkehr haben. Alles andere an Frauen ist demnach offenbar nicht so sehr von Interesse. Eine spießige und sehr falsche Vorstellung und ein wirklich sehr reduziertes Männerbild. Ich meine, ich wäre schon ziemlich beleidigt, wenn man mir nicht zutrauen würde, mit Frauen Zeit zu verbringen, ohne gleich über sie herfallen zu müssen.

Rein platonisch

Denn natürlich kann man ganz wunderbar auch mit Männern befreundet sein. In allen Ehren und ohne auch nur das leiseste Begehren auf beiden Seiten. Das ist nicht nur unsere Überzeugung. Das können wir aus reicher Erfahrung mit männlichen besten Freundinnen sagen. Die gehörten schon damals in den Zeiten dazu, als man noch nicht um 22 Uhr müde wurde und auch nicht darüber nachdachte, dass das samstägliche Katerfrühstück nachts um drei an einer der ersten Dönerbuden der Stadt ganz sicher die gesamtdeutsche Weight-Watchers-Punkte-Bank sprengen wird. Mein Vater hatte zwar zu bedenken gegeben, dass mein Wert als zukünftige Ehefrau doch deutlich sinken würde, als ich verkündete, dass meine Freundinnen und ich nun auch Männer in die Wohngemeinschaft mit aufnehmen würden. Aber wir haben es trotzdem gemacht. Allerdings erst, nachdem wir uns gegenseitig versichert hatten, keinerlei erotisches Interesse an den jeweiligen Kandidaten zu haben. So zog erst Micha und später Tom bei uns ein. Selbstverständlich hatten unsere damaligen Partner nichts dagegen. Sagten sie jedenfalls. Denn erstens wäre es extrem uncool gewesen, eifersüchtig zu sein. Und zweitens lebten sie ja selbst auch mit Frauen zusammen. Klar, scheiterten damals Beziehungen auch an Affären und Seitensprüngen. Ich kann mich aber nicht daran erinnern, dass dafür in den

Wohngemeinschaftspfründen gewildert worden wäre. Dafür aber an herrlich wein- und bierselige Abende auf Sperrmüllsofas mit Männern und Frauen, die viel zur Horizonterweiterung in Sachen Geschlechterrollen beigetragen haben. Denn es kam ja alles auf den Tisch: der aktuelle Liebeskummer, die Erwartungen, die man aneinander hatte, die Frage, wer wen anspricht, ob man nicht auch zwei Menschen gleichzeitig und ganz gerecht gleich lieben kann (auf keinen Fall!), und natürlich das ewige Problem mit den Putzplänen. Wobei es übrigens nicht die Männer waren, die da regelmäßig an ihre Pflichten erinnert werden mussten. Die waren im Gegenteil fast schon enervierend ordentlich. Jedenfalls habe ich später nie mehr einen Menschen so akribisch und auch geometrisch akkurat einen Frühstückstisch decken sehen wie Tom. Aber zum Glück auch keinen mehr kennengelernt, dem es total den Tag verhagelte, wenn jemand SEIN Brettchen benutzt hatte. Wir fuhren auch in Urlaub mit Männern, mit denen wir nichts hatten außer Spaß und nächtelange Diskussionen über das Leben, die Politik, die Liebe und wie das alles zusammenhängt oder auch nicht. Unsere Freunde ohne Sex waren wie die B-Seite der Freundschaft, ein Backstage-Ausweis in die Männerwelt, die – das lernten wir damals – doch ganz anders ist, als sie sich vorn auf der Bühne so gern darstellt. Wir sahen, dass man auch Männern das Herz brechen kann, wenn sie wochenlang darüber nachgrübelten, warum sie verlassen wurden. Wie sie sich fünfmal umzogen, bevor sie zu einer Verabredung gingen. Wir haben Stunden damit verbracht, mit Mitbewohnern die optimale Strategie auszutüfteln, eine Frau anzusprechen, und den idealen Zeitpunkt, sie nach dem ersten Date anzurufen (sofort!). Oder, wie es der Psychologieprofessor Dr. Harald Euler formuliert: »Man erfährt in einer platonischen Beziehung in einem geschützten Freiraum etwas über das andere Geschlecht, was man in einer gleichgeschlechtlichen Beziehung oder einer sexuellen gegengeschlechtlichen Beziehung nicht so ohne weiteres kriegen kann.« Und noch ein Benefit: Wir konnten an der Seite unserer männlichen Freunde endlich auch mal andere Frauen sozusagen in freier Wildbahn beim Jagen beobachten. Ich weiß noch, wie ich eines Abends mit meinem besten platonischen Freund in einer Frankfurter Kneipe saß und wir eine sehr angeregte Unterhaltung führten. Irgendwann stand er auf, weil er zur Toilette wollte, und kam ewig nicht wieder. Als ich mich umsah, entdeckte ich ihn auf der anderen Seite der Kneipe im Gespräch mit einer anderen Frau, die ihm zärtlich über den Unterarm streichelte. Irgendwann kam er dann doch zurück, und ich fragte, woher er die Frau eigentlich kenne. »Gar nicht!«, sagte er und dass sie ihm erzählt habe, sie sei neu in der Stadt und ob er nicht Lust habe, sie nach Hause zu begleiten. JETZT. Fand ich mutig, aber auch ziemlich frech. Schließlich hat sie nicht wissen können, dass wir kein Paar sind.

Insiderwissen

Einmal stand mitten in der Nacht eine Kommilitonin von Micha vor unserer Tür. Mit nichts weiter am Leib als einem Trenchcoat. In der Hand ein paar Herzluftballons. Sie war total verschossen in ihn. Das wussten alle. Aber auch, dass er ihr ihr schon einige Male ziemlich deutlich erklärt hatte, dass ihre Gefühle nicht erwidert werden. Das hier sollte ihr letzter Versuch sein, ihn doch noch zu verführen. Sie hatte ihn gemeinsam mit ihrer besten Freundin ausbaldowert, die ihr nicht nur die albernen Herzballons, sondern auch noch die Worte »er wird sich in dich verlieben, er weiß es bloß noch nicht« mit auf den Weg gegeben hatte. Das erzählte sie mir heulend in der Küche. Mangels Alternativen. Micha übernachtete nämlich bei einer anderen. Am nächsten Morgen war dann nicht nur aus den Ballons die Luft raus. Spätestens seitdem wusste ich: Wenn einer kein Interesse hat, dann hat er kein Interesse und ist nicht etwa bloß scheu oder unentschieden oder irgendwie traumatisiert von einer vorherigen Beziehung oder wurde zu früh aufs Töpfchen gesetzt. Was immer sich Frauen ausdenken, um da noch Gefühle reinzuinterpretieren, wo ganz sicher keine sind. Toll war aber auch, dass man so im Nahkontakt mit Männern mit all dem Insiderwissen und ohne all die emotionalen Verstrickungen einer Liebesbeziehung viel klarer sehen und erfolgreicher streiten konnte. Auch da habe ich einiges fürs Leben gelernt: nämlich Gefühle auf keinen Fall mit rein praktischen Alltagsfragen zu verquicken. Wenn ein Mann die nassen Handtücher auf dem Boden liegen lässt, bedeutet es nicht, dass er einen nicht mehr liebt. Er ist einfach nur stinkfaul. Und wenn er sagt, »du bist wie deine Mutter«, dann nur, um – zugegeben meist erfolgreich – vom Eigentlichen abzulenken, dass er nämlich irgendeinen kapitalen Bock geschossen hat. Es hätte immer so weitergehen können. Eines Tages hätten wir vielleicht sogar totale Verständnisinnigkeit zwischen Männern und Frauen erreicht. Nicht obwohl, sondern gerade weil wir hinter die Vorhänge des anderen geschaut hatten und viel darüber lernten, wie das andere Geschlecht tickt. Theoretisch. Praktisch kam Micha von einem Studienjahr in München mit Margarethe zurück nach Frankfurt. Margarethe war fortan IMMER dabei, wenn ich mich mit Micha traf. Meist redete dann auch sie. Am liebsten über seine Mängel und Schwächen. Als sie endlich mal wieder bei ihrer Familie in München zu Besuch war, traf ich mich mit Micha allein. Eine Woche später, ich wollte gerade das Haus verlassen, klingelte mein Telefon. Ich nahm ab und wurde sofort und umstandslos beschimpft. Eine fremde Frauenstimme schrie mich an, was mir einfiele, mich heimlich mit ihrem Mann zu treffen.

Ich hätte da ja wohl schon länger Absichten. Sie hätte mich gleich durchschaut, und wenn ich mir einbilden würde, ich könne ihr ihren Mann wegnehmen, dann hätte ich mich aber so was von geschnitten. Ein paar Tiraden später fragte ich leidlich irritiert: »Wer spricht denn da?« Da wurde es richtig laut. »TYPISCH!!«, kreischte es jetzt vom anderen Ende der Leitung. »HIER IST MARGARETHE. NICHT MAL MEINE STIMME HAST DU DIR GEMERKT!« Ich habe aufgelegt und seitdem nie wieder etwas von Micha gehört. Darüber bin ich einerseits sauer, schließlich hätte Micha unsere Freundschaft doch mehr wert sein sollen als ein Krach mit Margarethe. Andererseits kann ich verstehen, wenn man den sehr fürchtet. An der winzigen Kostprobe hochgerechnet, hätte ich Margarethe durchaus zugetraut, ganz allein einen dritten Weltkrieg anzuzetteln.

Befreundet mit dem Ex?!

Ja, Männer und Frauen könnten durchaus sehr gut miteinander befreundet sein, wären da nicht die latent eifersüchtigen Partner. Zumal, wenn es sich dabei um Bindungen zu Exmännern oder -frauen handelt. Wirklich schade und auch irgendwie unlogisch. Denn mit wem könnte man besser befreundet sein als mit einem Menschen, bei dem man schon mal aus Erfahrung mit Sicherheit das qualifizierte Urteil fällen kann: auf keinen Fall eine Wiederholung?! Und wäre es nicht seltsam, ausgerechnet diejenigen, die man ja einmal ganz wunderbar fand, mit denen man ein paar Jahre verbracht und mit denen man mal so viel – und zwar durchaus ja auch Schönes – erlebt hat, aus seinem Leben auszusperren? Bloß weil da einer die Beziehung zwischen Männern und Frauen nur sehr, sehr eindimensional betrachtet? Weil das Vorstellungsvermögen davon, was sich zwischen den Geschlechtern abspielt, nur bis zum Bett reicht? Ist es nicht im Gegenteil wunderbar und ziemlich erstrebenswert, wenn man noch richtig gut befreundet sein kann? Zumal, wenn man Kinder hat? Ich habe in dieser Beziehung viel Glück: Mein Ex ist auch mein bester Freund. Wir genießen es, Zeit miteinander zu verbringen, manchmal auch mit unseren aktuellen Partnern. Aber durchaus auch mal zu zweit. Er wohnt in der Nähe und kommt gelegentlich auf einen Kaffee vorbei. Im Traum würden wir nicht an eine Neuauflage unserer Beziehung denken. Wir freuen uns vielmehr darüber, einander so gute Freunde zu sein. Wie so viele andere ist nämlich auch unsere Verbindung in diesen emotional eher ruhigeren Gewässern wesentlich besser aufgehoben.

Allerdings verstehen das nicht alle. »Getrennt ist getrennt!«, sagt etwa Biggi streng. Sie meint: »Ich hasse diesen Spruch: ›Lass uns doch Freunde sein!‹ Das ist für mich der ultimative Trostpreis für die Verlassenen. Damit stehlen sich Verursacher doch bloß aus der Verantwortung für die Trennung und wollen immer noch geliebt werden, obwohl sie einem das Herz gebrochen haben. Sie finden sich auch noch großmütig, wenn sie einem in ihrem Gefühlshaushalt die Abstellkammer anbieten, wo man doch einmal gemeinsam das ganze Traumschloss bewohnt hat. Jetzt haben sie einen eigenmächtig ausquartiert, vielleicht ja sogar schon eine neue Mitbewohnerin, und man soll sie nicht mal mehr dafür hassen dürfen, weil man ja jetzt ›Freunde‹ ist. Nicht mit mir!«

Emotionales Niedrigtemperaturgaren

Klar, es gibt Menschen, die sich selbst für jedwede Freundschaft disqualifizieren. Ohnehin will eine Trennung erst mal verarbeitet werden. Schließlich haben die wenigsten Paare – so wie mein Ex und ich – einvernehmlich entschieden, dass die Beziehung in einer Sackgasse gelandet ist, aus der man sie nicht mehr herausmanövriert. Und so zu tun, als könnte man einfach für den anderen mit die Herdplatte von ›heißer Leiden- schaft‹ auf ›Niedrigtemperaturgaren‹ drehen, führt vor allem bei Biggi in die ganz falsche Richtung. Ihr Mann hat sie erst zwei Jahre lang betrogen, dann verlassen und schließlich – als Selbständiger kann er das – sein Einkommen so herunter- gerechnet, dass er ihr und den beiden Kindern kaum Unter- halt zu zahlen braucht. Nicht gerade die ideale Basis für eine Freundschaft. Und auch zukünftig sehe ich dafür ziemlich schwarz. Wie gesagt, manche haben sich wegen fortgeschritte- ner Charakteruntauglichkeit schon von Anfang an für jedwede weiteren engen Beziehungen disqualifiziert. Selbstverständ- lich muss man sich außerdem ohnehin erst mal allein und mit Unterstützung der besten Freundinnen die schlimmsten Trennungswunden lecken. Es macht keinen Sinn, da ausge- rechnet den Verursacher mit ins Herzschmerzbetreuungsteam zu holen. Das weckt bloß falsche Hoffnungen. Am besten lässt man dann ein paar Monate lang Gras über das Scheitern der Beziehung wachsen. Dicht genug, um darin all die Bitterkeit, die Wehmut, das Bedauern zu verstecken. Dann braucht man noch die Bereitschaft, nicht das Kamel zu sein, dass dieses Gras wieder abfrisst. Also keine Vorwürfe, kein ›du bist immer noch der unzuverlässige Idiot, der du früher warst!‹, kein ›was hat die Neue, das ich nicht habe?‹. Dann könnte es gehen. Und es würde sich lohnen. Lilo, eine Freundin, beherbergt schon seit einigen Jahren regelmäßig eine Ex ihres Mannes bei sich. Antonietta lebt eigentlich in Italien, hat aber regelmäßig be- ruflich im Rhein-Main-Gebiet zu tun. »Dann wohnt sie von Samstag bis Mittwoch bei uns. Das ist immer sehr nett?!« Lilo sagt, Antonietta und sie hätten sich vermutlich nicht irgendwo in einer Kneipe oder beim Yoga kennengelernt. »Wir sind nicht gerade Seelenverwandte, weil wir einfach zu unterschiedlich sind.« Aber Klaus hat Antonietta von Anfang an mit in das gemeinsame Leben mit Lilo gebracht. »Als wäre sie seine Schwester, war sie eigentlich immer da.« Antonietta versorgt deshalb das Paar nicht nur mit köstlichen italienischen Weißweinen und phantastischen Pastarezepten, sondern auch mit dem überaus beruhigenden Gefühl, dass es – zum Glück – etwas gibt, das länger währt und zuverlässiger ist als die Achterbahnen von romantischen Beziehungen. Eifersüchtig? »Überhaupt nicht!«, sagt Lilo. »Gerade weil ich die beiden ja auch zusammen erlebe und sehe, dass da wirklich nichts mehr laufen würde.« Außerdem hat Lilo ja auch einen Verflossenen, den sie regelmäßig sieht und der gelegentlich auch bei ihr daheim mit am Esstisch sitzt. Klar, das räumt sie ein, sind unter ihren Expartnern solche, mit denen wirklich ALLES aus und vorbei ist. »Mit denen war ich anscheinend auch in der Beziehung nicht so wirklich befreundet. Und das war oft auch der Trennungsgrund, weil eben all das, was Freundschaft als Teilmenge von Liebe ausmacht, fehlte: Fürsorge, Interesse und auch Begeisterung für das, was der andere ist und tut.«

Hormonell neutral

Wo Freundschaften immer wichtiger werden, wäre es ziemlich fahrlässig, die eine Hälfte der Menschheit davon auszuschließen. Und mit einem Mann (oder als Mann mit einer Frau) befreundet zu sein entspannt ja letztlich auch den Partner. Es trägt etwa viel dazu bei, dass wir am Anfang einer neuen Liebe nicht gleich die Nerven verlieren, falls es da jemand nicht im Minutentakt süße WhatsApp-Botschaften regnen lässt. Wenn da einer sagt: »Du, das ist doch eher so ein Frauending. Und seid ihr nicht schon das dritte Mal diese Woche verabredet? Das ist – in unserem Kosmos – schon fast so was wie ein Heiratsantrag!« Gegengeschlechtliche Freundschaften sind immer eine Bereicherung. Weil Männer noch einmal eine ganz andere Färbung in ein Frauenleben bringen und umgekehrt. So ohne diesen ganzen Sprengstoff, der gewöhnlich in Liebesbeziehungen herumliegt. Auf hormonell neutralem Boden. Und weil sie für Ausgleich sorgen.

Meine Cousine etwa hat einen besten Freund, der all das mit ihr teilt, wozu seine Frau keine Lust hat. Tanzen zu gehen etwa oder auch extrem handlungsarme taiwanesische Kunstfilme im Original mit Untertiteln anzusehen. Das geht schon seit Jahren so, zur großen Zufriedenheit aller Beteiligten. »Aber was ist mit ›Tausendmal berührt, tausendmal ist nichts passiert, tausend ›und eine Nacht, und es hat Zoom gemacht‹«, fragt jetzt der innere Angsthase. Ja, solche Geschichten gibt es sicher auch. Allerdings kenne ich keine. Trotzdem ist ja überhaupt gerade im großen Gefühlskosmos alles möglich, und es gibt keinerlei Garantien dafür, dass alle immer genau auf den Plätzen bleiben, die man ihnen zugedacht hat. Aber es ist auch so: Über Jahrhunderte war die rein platonische Freundschaft zwischen Männern und Frauen schon deshalb nicht vorgesehen, weil Freundschaft ja auch Augenhöhe voraussetzt. Ein gleiches Gegenüber und kein unterlegenes. Diese Position wollte man Frauen ewig schon aus Prinzip nicht einräumen. Wenn wir also weiterhin oder wieder finden, dass Männer angeblich schon deshalb nicht mit Frauen befreundet sein können, weil sie dann immer nur an die Horizontale denken müssen, ist das auch in Sachen Gleichberechtigung ein Rückschritt. Es hieße ja, den Frauen kaum mehr zuzutrauen, als Männer wuschig zu machen. Gut, ich kenne Frauen, denen würde das als Kernkompetenz vollkommen genügen. Auch auf die Gefahr hin, dass kaum etwas ein kürzeres Verfallsdatum hat als ein Sexobjekt. Doch die meisten von uns wollen auch für ihre phantastische Ausbildung, ihre guten Abschlüsse, ihre Klugheit und einfach auch als hinreißende Menschen und großartige Freundinnen geschätzt und geliebt werden.

Diese Idee hatte übrigens auch Nora Ephron, die das Drehbuch für »Harry und Sally« verfasste. In der ersten Fassung der Geschichte blieben Harry und Sally Freunde und traten nicht vor den Traualtar. Regisseur Rob Reiner hingegen war nach einer sehr langen Single-Phase damals frisch verliebt und so dermaßen im Hormonrausch, dass er Nora Ephron überzeugte, die Hauptdarsteller doch heiraten zu lassen. Bis dahin hatten Harry und Sally in einer Schlüsselszene aber schon mal klargemacht, inwiefern Männer und Frauen voneinander profitieren, wenn sie rein freundschaftlich aus dem Nähkästchen plaudern. Beim Essen im New Yorker Katz's Deli behauptet Harry nämlich, ihm könne keine Frau einen Orgasmus vortäuschen, woraufhin Sally ihm am helllichten Tag, mitten im Restaurant vorführt, wie sehr er sich täuscht. Regisseur Rob Reiner erzählte später, dass sich die Frauen bei der Testvorführung des Films über die Fake-Orgasmusszene ausschütteten vor Lachen, während die Männer keine Miene verzogen. Nach dem grandiosen Gestöhne sagt die Tischnachbarin der beiden – übrigens von Rob Reiners Mutter Estelle gespielt – zum Kellner: »Ich will genau das, was sie hatte.« Seitdem gibt es bei Katz ein »Orgasmus-Sandwich«, und ein Schild über dem Tisch, an dem die beiden saßen, weist darauf hin: »Where Harry met Sally – hope you have what she had.« Ja, das hoffen wir auch und dass die Freundschaft zwischen Männern und Frauen bald ebenso selbstverständlich wird wie Frauen auf Chefsesseln in den Vorstandsetagen. Auch weil am Ende das eine die Voraussetzung für das andere ist.

Die schönsten
Freundinnen-Filme:

+ Die Farbe Lila (1985)
+ Freundinnen (1988)
+ Pizza-Pizza (1988)
+ Magnolien aus Stahl (1989)
+ Grüne Tomaten (1991)
+ Thelma und Louise (1991)
+ Heavenly Creatures (1994)
+ Ein amerikanischer Quilt (1995)
+ Der Club der Teufelinnen (1996)
+ Die göttlichen Geheimnisse der Ya-Ya-Schwestern (2002)
+ Kick it Like Beckham (2003)
+ Death Proof – Todsicher (2007)
+ Brautalarm (2011)
+ Der Seidenfächer (2012)
+ Frances Ha (2012)
+ Die Schadenfreundinnen (2014)
+ Bad Moms (2016)
+ Ocean's Eight (2018)
+ Mamma Mia! Here We Go Again (2018)

Kapitel 3

Zwischen Fein- und Kochwäsche – eine Pflegeanleitung

»Bevor man anfängt, seine Feinde zu lieben,
sollte man seine Freunde besser behandeln.«

E. W. Howe

Handwäsche

Mit den Freundinnen ist es ein bisschen wie mit den Pflanzen. Für manche braucht es einen wirklich grünen Daumen, andere sind zähe Biester und überleben die Beziehung auch mit ab und an einem klitzekleinen Schluck Wasser. Manche Freundin ist somit eher Modell Kaktus, andere sind mehr wie die oftmals ziemlich kapriziöse Orchidee. Und viele sind irgendwo dazwischen oder sogenannte Mischformen, also dermaßen unberechenbar, dass sie manchmal als Kaktus und manchmal als Orchidee in Erscheinung treten. Es ist kompliziert, und schon deshalb gibt es keine universelle Pflegeanleitung, die für jede Freundschaft passt und gilt. Schön und auch ungemein praktisch wäre es, Freundinnen hätten, so wie manche Pflanzen oder Kleidungsstücke, kleine Etiketten, auf denen steht, wie man sie in Schuss hält. Am besten so, dass sie nicht ihre Form verlieren und lebenslang imprägniert alle Widrigkeiten überstehen. Für die sehr Empfindsamen gäbe es die Handwäsche mit höchstens lauwarmem Wasser, während die absolut robusten Modelle durchaus 60 bis 90 Grad vertragen. Aber meistens kommen Freundinnen ohne jedwedes Etikett, und man muss selbst herausfinden, welche Gradzahl die Freundschaft am Laufen hält.

Nehmen wir mal Dana. Sie kam vor mehr als 25 Jahren in mein Leben und hat sogar eine Weile bei mir gewohnt. Wir haben irre viel zusammen unternommen, gemeinsam gearbeitet, sind ausgegangen, haben gekocht, getrunken, gelacht und geweint. Wir waren sprichwörtlich unzertrennlich. Ein Wahnsinnsteam. Eine der Freundinnen bei denen man denkt, was habe ich eigentlich vorher gemacht? Ohne sie? Dann trennten sich unsere Wege. Dana ging beruflich nach Berlin, und anfangs haben wir noch oft telefoniert, aber im Laufe der Zeit wurden die Telefonate weniger, und wir begannen, uns langsam und schleichend aus den Augen zu verlieren. Unsere Lebenswelten waren nun sehr verschieden. Der Alltag ließ kaum mehr Luft, schon gar nicht für Freundschaften, die nicht um die Ecke lagen. Irgendwann haben wir uns nur noch zum Geburtstag gratuliert, und das war's. Die Unzertrennlichen waren Geschichte. Das Gute: Keine von uns war böse, keine hat der anderen Vorwürfe gemacht. Das Leben hatte sich in aller Deutlichkeit zwischen unsere Freundschaft gestellt. Noch heute ist es vertraut und absolut warmherzig, wenn wir dann mal miteinander sprechen.

Neulich haben wir uns nach vielen Jahren endlich einmal wiedergesehen, und es gab eine Menge Zeit durchzusprechen, all die Jahre aufzuholen, die uns fehlten. Wir beide wissen, dass es nie mehr so wird wie in diesem Sommerhalbjahr in den frühen Neunzigern. Aber diese Zeit kann uns niemand nehmen. Wir haben eine gewisse Phase im Leben zusammen verbracht. Die Erinnerung bleibt und ist schön. Kein Groll weit und breit. Wir beide wissen: Wir waren mal beste Freundinnen. Damals. Aber die Zeit hat die engen Bande zwischen uns auseinandergerissen.

Zeit gilt gemeinhin als Gradmesser für Freundschaft. Ist Freundschaft somit einfach eine Frage der Zeit? Muss man sich nur Zeit nehmen, und dann läuft es? Ist das die naheliegende und so einfache Definition von Freundschaft: Zeit miteinander zu verbringen? Viel Zeit. Zeit ist jedoch eine begrenzte Ressource. Da ist die Arbeit, die leidige Steuererklärung, das verdammte bisschen Haushalt; da sind die Kinder und ihre zeitintensiven Hobbys, und nicht zu vergessen der Mann, der sowieso schon jammert, dass sich niemand mehr um ihn kümmert. Allein für all die Punkte auf dem To-do-Zettel reichen die lächerlichen 24 Stunden eines Tages kaum aus. Immerzu plagt einen das ungute Gefühl, den Anforderungen, die das Leben so stellt, nicht zu genügen, irgendwas zu vernachlässigen. Und dann sind da noch all die Freundschaften, die unsere Aufmerksamkeit verlangen. Aufmerksamkeit hat immer auch Zeit im Gepäck. Denn aufmerksam zu sein kostet Zeit. Wir wissen das und haben deshalb ein latent schlechtes Gewissen. Sollten wir auch, denn ausgerechnet das Thema Freundschaft brachliegen zu lassen, ist mehr als nur schade. Es ist geradezu sträflich dumm. Wie dumm, das haben wir erst so richtig verstanden, nachdem wir uns etwas tiefer in das Thema reingekniet hatten. War ja klar, dass es ganz und gar großartig ist, Freundinnen zu haben. Nicht klar war uns, wie unfassbar viel es dazu beiträgt, dass wir bei bester Gesundheit und ziemlich froh steinalt werden können.

Auf Krankenschein

Eigentlich müssten wir für die Freundschaftspflege nämlich von unseren Krankenkassen einen Extrabonus bekommen. Für gemeinsame Essen, für einen Teil der Telefonrechnung, für die Bahnfahrt zu Ursula nach Heidelberg und das Geschenk für Silvia zum Fünfzigsten. Freundschaften können nämlich etwas, das weder Familienangehörige noch schätzungsweise 80 Prozent unserer Aktivitäten (auch die, die wir oft für viel wichtiger halten als das Treffen mit den Freundinnen) nicht können: uns sofort in beste Laune versetzen. Es gibt einfach keinen besseren Stimmungsaufheller als Menschen, die uns auf dieser ganz einzigartigen Sichliebenohnesexhabenzuwollen-Weise nahestehen. Freundschaft, das ist ja diese unschlagbare Mischung aus Vertrauen und Verstehen, Nähe, aber auch Distanz, Verbindlichkeit und Freiheit. Der Klebstoff, der unsere Welt letztlich zusammenhält. Die Gewissheit, so angenommen zu werden, wie wir sind und ohne uns dafür extra die Beine rasieren oder fünf Kilo abnehmen zu müssen. Unser Sicherheitsnetz, unser emotionales Zuhause, der Spiegel unserer Einmaligkeit. Und sie ist DAS Gefühl der Zukunft. So etwas wie der letzte Rettungsring auf der *Titanic* in einer Gesellschaft, in der beinahe jede zweite Ehe geschieden wird und in der auf Arbeitsverhältnisse kaum mehr Verlass ist als auf die Treue des Braunbären. Und dann verlängern Freundschaften auch noch das Leben. Frauen bringen Freundschaften ein Plus von vier Jahren auf dem Lebenszeitkonto. Männern sogar fünf. So das Ergebnis einer großangelegten britischen Studie, eine seit vielen Jahren regelmäßig stattfindende Untersuchung von Tausenden von teilnehmenden Krankenschwestern, die Caroline Millington in ihrem Buch *Friendship Formula* beschreibt. Sie fand zudem heraus, je mehr Freundinnen Frauen hatten, desto unwahrscheinlicher war es, dass sie im Laufe des Älterwerdens körperliche Erkrankungen entwickelten. Und es war umso wahrscheinlicher, dass sie ein freudvolles Leben führten. Tatsächlich waren die Ergebnisse so aussagekräftig, dass die Forscher schlussfolgerten, der Umstand, keine enge Freundin oder Vertraute zu haben, wirke sich so schädlich auf die Gesundheit aus wie Rauchen oder Übergewicht! Und das ist noch nicht alles: Als die Forscher untersuchten, wie gut die Frauen nach dem Tod ihres Mannes zurechtkamen, entdeckten sie, dass – sogar angesichts dieses maximalen Stressfaktors – diejenigen Frauen, die eine enge Freundin und Vertraute hatten, die Erfahrung mit größerer Wahrscheinlichkeit ohne neue körperliche Erkrankung oder einen dauerhaften Verlust an Vitalität überlebten. Denjenigen ohne Freunde dagegen fehlte, was entsteht, wenn man mit Freundinnen zusammen ist, sich umeinander kümmert: das Bindungshormon Oxytocin, das dabei freigesetzt wird und wie ein Beruhigungsmittel wirkt. So weit, so klar. Eigentlich. Denn obwohl Freundinnen dem Stress entgegenwirken, der heutzutage so viel von unserem Leben auffrisst; obwohl es ganz wunderbar ist, mit ihnen Zeit zu verbringen, und sie uns damit auch gesund erhalten und Freundschaftspflege sogar unser Leben um sehr viele, sehr angenehme Jahre verlängern kann, finden wir oft nur schwer Zeit dafür. In Umfragen über Glück räumen wir der Freundschaft immer die obersten Ränge ein. Theoretisch. In der Praxis ist uns jedoch oft genug fast alles andere wichtiger als unsere Freundschaften. Wir sind zu müde, müssen noch zur Pediküre oder sind schlicht zu faul. Zu bequem, um uns aufzuraffen, doch noch mal vom Sofa aufzustehen, um in die Stadt zu fahren und Jenny zu treffen. Wir haben schon so viel Aufwendiges um die Ohren, dass wir doch auch mal einfach nur bräsig rumliegen wollen. Und dann lassen wir nicht etwa die Küche ungeputzt, sondern das Date mit der Freundin ausfallen. Ein Phänomen, mit dem sich auch die Forscherin Ruthellen Josselson, Mitautorin von *Best Friends: The Pleasures and Perils of Girls' and Women's Friendships* beschäftigte. Auch sie kommt zu dem Schluss: »Immer dann, wenn wir zu sehr mit der Arbeit und der Familie beschäftigt sind, lassen wir als Erstes die Freundschaft mit anderen Frauen sausen.« Wissen und danach handeln sind eben auch hier zwei Paar

Schuhe. Uns ist auch klar, dass Kohlrabistückchen als Fernsehsnack gesünder sind als Chips, und trotzdem sitzen die wenigsten von uns abends mit einem Teller Rohkost vor dem Fernseher. Was also ist los mit uns?

Das Gute am Schlechten

Da wäre zunächst einmal die eher schmeichelhafte Erklärung für Freundinnenvernachlässigung: Wir können bei unseren besten Freundinnen einfach entspannter sein. Wir glauben, einen gewissen Toleranzkreditrahmen ausschöpfen zu können. Wir denken: Wenn eine versteht, warum das Date mit dem neuen Typen oder der Besuch bei der Schwester oder einfach der Abend auf dem Sofa mal wieder Vorrang haben, dann ja wohl die Beste. Sie weiß ja, dass wir uns dann eben ganz bestimmt an einem anderen Tag sehen werden und dass uns so schnell nichts auseinanderbringt. Dass aufgeschoben nicht aufgehoben ist. Kurz, bei Freundinnen glauben wir, uns mehr herausnehmen zu können und dass es sich mit ihnen wie mit Fitness-Center-Abos verhält: Auch wenn man heute nicht geht, ist es ja morgen immer noch da. Das ist einerseits richtig. Andererseits führt es oft dazu, dass wir gar nicht mehr zum Sport gehen. Und so ist es auch mit Freundschaften ein sehr schmaler Grat zwischen Verständnis und Verlust. Niemand will schließlich auf Dauer immer an letzter Stelle stehen. Und mal ehrlich: Irgendwie ist es auch beleidigend, wenn sogar Vorhaben wie ›tut mir leid, ich muss heute noch die Blumen auf dem Balkon gießen‹ oder ›ich will mir lieber die Haare färben‹ einem Treffen vorgezogen werden. Natürlich leiden wir alle an dem Gefühl, dass die Zeit immer knapper wird. Schauen wir uns allerdings an, wofür wir die Freundschaft in die Warteschleife schicken, wird es eng mit Entschuldigungen. Nein, es geht nicht mal so sehr um die mehr als drei Stunden Fernsehen, die jeder Deutsche täglich absolviert und auch nicht um die durchschnittlich 196 Minuten, die wir außerdem im Internet verbringen. (Aller Wahrscheinlichkeit nach nicht damit, uns über die Probleme im Nahen Osten zu informieren.) Viel wesentlicher ist, wie wir bei der Terminvergabe vorgehen: dass wir bei all dem Stress nur noch auf starke Reize reagieren. Wir geben denen am ehesten nach, die uns den meisten Druck machen. Im Unterschied zu Ehemännern, Müttern, Schwestern und dem inneren Schweinehund quengeln Freundinnen, gerade die besten, aber oft nicht. Sie sagen meist viel zu lange nicht »Und wo bleibe ICH?«. Ganz im Gegenteil: Sie haben Verständnis, nehmen Rücksicht, sind geduldig, halten sich dezent im Hintergrund. Mit dem Ergebnis, dass wir unseren »Lebensmenschen« (Thomas Bernhard) viel zu oft in die Endloswarteschleife schicken. Selbst für allenfalls gute Bekannte. Aus keinem anderen Grund als dem, dass sie im Unterschied zu unseren besten Freundinnen austrainierte Drängler sind. Als wären wir ein Grabbeltisch, bei dem sich die mit den spitzesten Ellenbogen die wertvollsten Stücke an Land ziehen: unsere Zeit, unsere Aufmerksamkeit, unsere Energie.

Alle Zeit der Welt

Wir erwarten gerade von den Menschen, mit denen wir befreundet sind, enorm viel Geduld. Oftmals zu viel. Niemand möchte dauerhaft immer hintendran stehen, immerzu hören: keine Zeit. Das heißt nämlich eigentlich: keine Zeit für dich! Denn irgendwo geht all die schöne Zeit ja hin. Im Klartext bedeutet dieses »keine Zeit«, dass andere mir wichtiger sind. Oder anderes. Neulich hat mir eine Freundin ein lang verabredetes Treffen abgesagt: Sie müsse noch einen Artikel fertig schreiben. Sei so unter Druck. So kaputt. Sie schaffe es einfach nicht. Natürlich war ich voller Verständnis. Ich kenne das Gefühl nur zu gut. Dann erzählt sie mir, wie sie am Vorabend sieben Folgen »Bad Banks« am Stück geguckt hat. Und da hat es in mir merklich gezuckt. Dafür also hat sie Zeit oder sich die Zeit genommen?! Das war ihr anscheinend wichtiger?! Hätte sie ihren Artikel nicht an diesem Abend schreiben können!? Ich habe mich geärgert. War geknickt. Sie hat gar nicht gemerkt, wie sie sich mit ihrer Seriendauerguckbeichte um Kopf und Kragen geredet hat. Eine Freundschaft zu pflegen bedeutet eben auch, nicht immer den bequemsten Weg zu gehen. Sich auch mal wieder klarzumachen, wie unendlich viel man selbst davon hat, wie viel Gutes man sich tut, wenn man seine Zeit mit Freundinnen verbringt. Und sei es nur auf einen schnellen Kaffee im Stehen in der Stadt. Ein ausführliches Telefonat. Eine Einladung nach Hause auf einen gemeinsamen Teller Pasta. Einen kurzen Spaziergang. Irgendwas geht immer. Man muss nur wollen und seine Prioritätenliste einmal ernsthaft überdenken. Wie wichtig ist es, die Küche feucht durchzuwischen? Muss man unbedingt heute noch Wäsche machen? Kann der Kram nicht mal warten? Könnte man nicht auch gemeinsam joggen gehen? Oder einkaufen?

Natürlich könnte man seine Zeitansprüche bei Freundinnen auch einklagen. Sagen: »Ich will dich sehen. Ausführlich mit dir sprechen. Ich habe das Gefühl, in deinem persönlichen Ranking immer auf dem undankbaren letzten Platz zu stehen. Ich komme in deinem Terminkalender verdammt nochmal zu selten vor. Das grämt mich. Und kränkt mich. Macht mich traurig.« Aber irgendetwas in uns sträubt sich dagegen, einen solchen Druck aufbauen zu müssen, nur damit die Freundin sich erbarmt. Vielleicht weil wir wollen, dass Freundschaft etwas ist, was auf Freiwilligkeit, auf totaler Gegenseitigkeit beruht. Etwas, was man anmahnen und einklagen muss, hat immer einen schalen Beigeschmack. Jedes Treffen, das tatsächlich auf Druck stattfindet, scheint dann schon weniger wert. Weil es ja nicht von selbst passiert. Es fühlt sich falsch an und so jammerig, ziemlich unecht eben. Und einseitig noch dazu. Deshalb verkneifen wir es uns, wirklich einzufordern, was wir uns wünschen. Weil niemand gern die Bittstellerin ist. Manchmal und mit Glück erlebt man dann, wie falsch man damit liegt. So sagte kürzlich eine Freundin einfach so zu mir: »Es ist immer so schön, mit dir Zeit zu verbringen!« Und ehrlich: Tatsächlich ist es auch wunderbar, mit ihr zusammen zu sein. Wir haben beide immer sehr viel auf dem Zettel. Und stets auch größtes Verständnis dafür, wenn die andere auch kurzfristig eine Verabredung absagt. Aber nachdem sie mir gesagt hatte, was ich eigentlich auch empfand, dachte ich: »Nein, ich weiß, wenn ich erst mal da bin, freue ich mich, und es wird – wie immer – ein spannender und lustiger Abend.«

Mittlerweile denke ich, dass es – wie in unseren Liebesbeziehungen mit Sex – nicht immer die klügste Entscheidung ist, das Blümchen zu geben, das gepflückt werden soll. Oder stets zu denken, dass die andere Gedanken lesen können muss. Ehrlich, man bricht sich keinen ab, wenn man einfach auch mal sagt: »Ich vermisse dich! Bin in der Nähe, hast du Zeit für einen Kaffee? Können wir telefonieren? Nein, es ist nichts passiert. Außer, dass ich wirklich einfach gern mit dir spreche!« Ohne das kommen nämlich nicht nur der Freundschaft, sondern auch uns wichtige emotionale Nährstoffe abhanden. Zu diesem Ergebnis kam auch eine Studie des Psychologen Jaap Denissen, die Claudia Wüstenhagen in ihrem ZEIT WISSEN-Artikel zitiert. Demnach ergab ein Vergleich der OECD-Länder, dass dort, wo Menschen oft in Kontakt mit ihren Freunden stehen, das Selbstwertgefühl der Bürger höher ist. Das gilt so etwa für Griechenland oder die USA. Anders Japan oder Ungarn, wo man eher weniger Zeit mit seinen Freunden verbringt.

Es gäbe da sogar einen Zusammenhang zwischen der Zahl der Freundschaftskontakte in einem Land und der Stimmung der Bevölkerung dort. Wir sollten uns also öfter sehen, schon um das Bruttoinlandsgutelauneprodukt zu heben und um innere Stärke zu tanken.

Wenn man uns denn lässt. Corona hat uns auch in Sachen Freundschaft gezeigt, wie wichtig gerade auch die räumliche Nähe ist und was fehlt, wenn wir uns nicht mehr treffen dürfen oder können. Seitdem wissen wir noch einmal besser, was uns unsere Freundinnen auch sind: nämlich ein großer Spielplatz der Möglichkeiten. Mit ihnen können wir immer noch etwas anderes sein als Mutter, Partnerin, Hausfrau, Homeoffice-Managerin oder Tochter. Es haben uns ja nicht nur unsere Freundinnen gefehlt, sondern wir haben auch die Auszeit von all diesen Rollen vermisst. Klar haben wir uns regelmäßig auch im Netz gesehen, haben uns erzählt, wie es uns geht – aber es war eben längst nicht dasselbe wie *face to face*. Wie diese Wärme, Geborgenheit, Zuversicht, dass einem jetzt nichts mehr passieren kann, die es nur gibt, wenn man sich gegenübersitzt. Es hat sich angefühlt, als wäre die beste Freundin urplötzlich nach Neuseeland gezogen, obwohl sie nur fünf Straßen weiter wohnt. Es war anstrengend, trostlos und ungefähr so erfreulich wie alkoholfreier Wein. Das wirft kein gutes Licht auf räumliche Trennungen, die nicht mal eben nur vorübergehend sind – wenn die Freundin zum Beispiel in ein anderes Land zieht. Aber es zeigt auch, wie man eine Freundschaft am Leben erhält. Dass sie ganz dringend emotionalen Nährwert braucht – einander zu riechen, sich zu berühren, Nähe, etwas, das man eben nicht dauerhaft im digitalen Drei-Sterne-Kühlfach frisch halten lassen kann. Selbst für die Kaktusfreundin nicht, die bei der Freundschaftspflege eher auf Minimalismus setzt.

Freundschafts-Timetable

Sicher, es gibt Freundschaften, die auch funktionieren, obwohl man sich sehr selten sieht. Oft sind es langjährige Beziehungen. Da gilt nicht: aus den Augen, aus dem Sinn. Da weiß man um die stabile Basis einer gemeinsamen Vergangenheit, und man muss sich nicht ständig gegenseitig versichern, dass man noch da ist. Im Trubel des Alltags kann es durchaus passieren, dass man monatelang nichts voneinander hört und sich dann meldet, und alles ist gut. Keine macht der anderen Vorwürfe. Niemand sagt: »Dass duuuu dich mal meldest, ich dachte schon, du wärst tot!« Man muss sich nicht rechtfertigen. Beide haben akzeptiert, dass die Frequenz des Meldens kein Gradmesser für die Tiefe der Beziehung sein muss. Solche Freundschaften können grandios funktionieren, aber eben nur, wenn beide Freundinnen ähnlich ticken. Hier braucht es einen gewissen Pragmatismus, und schon deshalb ist diese Art der Beziehung unter Frauen eher selten. Dafür gibt es sie umso häufiger bei Männern, die sehr viel besser als wir auf den regelmäßigen regen Austausch verzichten können und immer mal wieder länger auf Lebensteilstrecken abtauchen, ohne sich dafür erklären zu müssen. Trifft aber die minimalistisch veranlagte Kaktusfreundin auf die kapriziöse Orchideenfreundin, kann es verdammt kompliziert werden. Unterschiedliche Erwartungen und unterschiedliche Vorstellungen von Freundschaft können zu einer beachtlichen Schieflage führen. So etwas geht dann selten gut. Eine ist immer ein bisschen beleidigt. Die Kaktee, weil ihr die Vorwürfe auf den Zeiger gehen, und die Orchidee, weil sie sich unglaublich vernachlässigt fühlt. Ich habe zwei bis drei Kakteenfreundinnen. Wenn wir uns sprechen oder sehen, ist alles prima. Und wenn es mal eine längere Auszeit gibt, dann eben auch. Karin ist eine Freundin, mit der ich ein solches Verhältnis habe. Wir kennen uns aus den Anfängen unseres Berufslebens. Als sie ein Praktikum bei dem Sender machte, wo ich arbeitete, lernten wir uns kennen und haben uns schnell angefreundet. Sie lebt etwa 250 Kilometer von mir entfernt, und wir sehen uns höchstens einmal im Jahr. Zwischendrin haben wir ab und an Kontakt. Losen Kontakt. Trotzdem weiß ich, sollte etwas Schlimmes sein, wäre sie für mich da. Vorbehaltlos. Ohne zu sagen: »Jetzt, wo es hart auf hart kommt, rührst du dich. Vorher ging es doch auch ohne mich recht gut!«

Trotzdem gilt bei Freundschaften: Hat jemand nie Zeit oder nimmt sich wirklich keine Zeit für uns, zumindest mal für ein Telefonat, dann ist es vielleicht auch keine Freundschaft. Oder eine sehr einseitige. Hört man lange nichts von einer Freundin, einer, die nicht zur Abteilung der Kakteen gehört und die noch dazu um die Ecke wohnt, liegt der Verdacht nahe, dass es ihr nicht so irre wichtig sein könnte mit der Freundschaft. Vielleicht ist sie aber auch nur eine Bekannte oder allenfalls eine gute Bekannte. Nett und freundlich, aber mehr eben nicht. Da kann man sich dauerhaft noch so sehr bemühen, aber eines sollte man doch kapieren: Nicht jede will unsere Freundin sein, so wie wir ja auch nicht *best friend* mit jeder sein wollen. In solchen Fällen gilt der alte Spruch: Wer nicht will, der hat schon. Das kann bitter sein und sehr traurig machen. Da wird man, obwohl man sich bemüht, ausgemustert, die »Freundschaftsanfrage« wird abschlägig beschieden. Nicht gewollt zu sein ist immer übel. Aber: gleiches Recht für alle. Eine Freundschaft ist im besten Fall eine beiderseitige Angelegenheit. Das kann in der Intensität phasenweise variieren, aber ein dauerhaftes Ungleichgewicht kann man nicht mehr Freundschaft nennen. Freundschaft ist im Idealfall ungefähr paritätisch. Natürlich kann man beschließen, dass es einem nichts ausmacht, immer die buhlende Freundin zu sein. Die, die sich ins Zeug legt, die mehr will und sich nicht zu schade dafür ist, keinen wirklichen Erfolg zu haben. Aber wie bei vielem im Leben gilt: Auch Freundschaft kann man nicht erzwingen.

Vertrauensfragen

Natürlich darf an dieser Stelle auf keinen Fall DAS Spitzenpflegemittel einer jeden Freundschaft fehlen. Eines, das fast noch besser ist als Zeit: Vertrauen. Ohne das funktioniert Freundschaft gar nicht. Niemals könnte man sich nämlich jemandem nahe fühlen, von dem man annehmen muss, dass er alles sofort weiterplaudert, dass ein Geheimnis bei ihm so sicher ist wie ein 3000-Euro-Fahrrad ohne Schloss in der City. Nicht umsonst halten Tratsch und Indiskretion die Pole-Position unter den Freundschaftstodsünden. Friedrich Nietzsche schrieb einmal: »Man darf über seine Freunde nicht reden, sonst verredet man sich das Gefühl der Freundschaft.« Allerdings ist auch die Frage: Wie viele Geheimnisse sollte man in Freundschaften teilen? Muss man sich alles erzählen, damit es Freundschaft ist? Oder sollte man auch mal etwas für sich behalten, schon damit man sich später im Altenheim noch etwas zu erzählen hat? Einerseits wären wir natürlich ziemlich verstört, wenn wir mal so nebenbei erfahren würden, dass unsere beste Freundin morgen einen Termin zur Brustvergrößerung hat, ohne dass sie die Wochen oder Monate davor mit uns darüber gesprochen hätte. Andererseits würden die meisten von uns jetzt sicher nicht so weit gehen wie Richard Wagners Lohengrin, der Elsa fragt, ob sie ihm nicht so vertrauen könne, dass sie fortan und für immer keine Fragen mehr stellt. Ja, das hätten Männer gern. Aber wir Frauen gewinnen unser Vertrauen zueinander gerade dadurch, dass wir einander alles erzählen, alles fragen, alles offenlegen und unser Innerstes nach außen kehren können. Denn so entsteht für uns Vertrauen: Ich sehe, dass die andere sich offenbart, also kann ich es auch wagen. Vertrauen umfasst aber auch – noch – unbestätigte Hoffnungen. Zum Beispiel erwarte ich, dass meine Freundin für mich da sein wird, wenn ich sie brauche. Auch wenn es für sie damit sehr ungemütlich wird, weil ich vielleicht schwer krank bin, meine Arbeit verliere, eine schlimme Trennung oder gar den Tod eines lieben Menschen zu verarbeiten habe und über einen langen Zeitraum bekümmert werden muss. Das glaube ich einfach mal, obwohl dafür bislang der Nachweis fehlt. Der Soziologe Niklas Luhmann, der ein Standardwerk zu dem Thema verfasst hat, bezeichnet Vertrauen deshalb als eine »riskante Vorleistung«. Man weiß ja am Ende nie, ob die andere hält, was ich mir von ihr versprochen habe. Man kann nur Indizien – also Vertrauensbeweise – dafür sammeln, die einen darin bestärken, dass das Vertrauen gerechtfertigt ist. Das gelingt am besten, wenn man eine gewisse Vertrauensseligkeit schon mitbringt. Also nicht diese Naivität, die jedem glaubt, der einem das Blaue vom Himmel und das Gelbe vom Ei verspricht. Eher die wohlwollende Annahme, dass die andere es schon gut mit uns meinen wird. So wie wir es mit ihr gut meinen. Ohne das geht es nicht. Die Alternative wäre sonst, in ständigem Misstrauen zu leben, ob die Freundin auch wirklich ganz und gar auf unserer Seite ist, und das dauernd panisch zu überprüfen. Ich hatte mal eine Freundin, die total sauer war, als sie nach vierjähriger Bekanntschaft zufällig erfuhr, dass ich vor Ewigkeiten eine Kieferoperation hatte. Als hätte ich ihr verschwiegen, früher mal ein Mann gewesen zu sein. Wenn wir im Kino waren und mir der Film nicht gefiel, den sie toll fand, litt sie sofort unter Entfremdungsangst. Das war nicht nur extrem anstrengend. Das sorgt schließlich auch dafür, dass wir irgendwann tatsächlich nichts mehr miteinander zu tun hatten. Ihre ständige Suche nach Bestätigung für unsere Verbundenheit war ja nichts weiter als ein dauernder

Zweifel daran. So ging kaputt, was sie doch eigentlich damit schützen wollte: das Vertrauen, dass ich sie wirklich mag und wir einander sehr nahe sind. Das war das eine. Das andere war, dass ich ihr offenbar nicht geben konnte, was ihr fehlte: das Zutrauen zu sich, die Selbstwertschätzung, die Überzeugung, liebenswert zu sein.

Einmal hatte ich eine lange Diskussion mit einer anderen Freundin aus Schulzeiten. Sie warf mir vor, irgendwann einmal etwas sehr Blödes und Gemeines gesagt zu haben. Ich schreibe »etwas Blödes«, weil ich mich null daran erinnern konnte und weil es auch gar keine Rolle spielt, was genau es war. Ich war nur ganz sicher: DAS hätte ich auf keinen Fall gesagt oder auch nur gemeint. Ich wusste es einfach, weil es so gar nicht zu mir passte, weil ich weder so denke noch so für sie fühlte. Meine Freundin war aber nicht zu überzeugen, und ich war echt entsetzt über das, was sie mir da unterstellte. Das war für mich auch eine Art Vertrauensbruch: die Annahme, ich hätte gemein zu ihr sein können.

Zur Pflege gehört deshalb auch der emotionale Kredit, den wir unseren Freundinnen gewähren. Oder – wie das katholische Lexikon *Der Große Herder 1935* das Vertrauen umschrieb: »der begründete Glauben an den seelischen Wert eines Menschen«. Das entspricht dem, was man auch ›Vorschusslorbeeren‹ nennt. Und es funktioniert nur auf der Basis von Gegenseitigkeit und eben nicht, wenn die eine der anderen mit notorischen Unterstellungen begegnet und nie genug Bestätigung darüber erhalten kann, dass sie wirklich und wahrhaftig eine Freundin ist. Vertrautheit – sozusagen die Kuscheldecke der Freundschaft – kommt von Vertrauen und eben nicht von Skepsis. Sich auf jemanden verlassen zu dürfen ist damit auch etwas, das man sich selbst erlauben muss und das nicht einzig von dem abhängt, was die andere einem so bietet. Es kann also sein, dass meine Freundin mir – noch – nicht über sämtliche Meilensteine ihres Lebens und Liebens Auskunft gegeben hat. Aber ich vertraue darauf, dass sie es irgendwann tun wird. Spätestens im Altenheim werden wir uns dann wirklich ALLES erzählen. Meine Beste und ich freuen uns drauf. Und nicht nur weil wir dazu die Zigaretten rauchen werden, die wir uns die letzten 20 Jahre verkniffen haben, um so alt zu werden, wie wir dann sicher sind. Und selbstverständlich werden wir einander zuhören. Denn auch das gehört ins Freundschaftsintensivpflegeprogramm: Aufmerksamkeit.

Raritäten

Sie sei die höchste Form von Schmeichelei, lobte der Bestsellerautor Dale Carnegie. Tatsächlich ist ungeteilte Aufmerksamkeit in unseren hektischen Zeiten ein mittlerweile so rares Gut, dass sich jeder, dem sie zuteilwird, geadelt fühlt. Mit nichts gewinnt man deshalb andere mehr und schneller, als wenn man möglichst großzügig damit umgeht: zuhört und dabei nicht auf die Uhr oder aufs Handy schaut; bemerkt, wenn die andere abgenommen, eine neue Frisur oder ein neues Kleid hat; nachfragt, sich erinnert, was die andere vor fünf Minuten gesagt hat und welch wichtiger Termin nächste Woche bei ihr ansteht. Kurz, man sorgt im Prinzip dafür, dass die andere sich wie die Hauptattraktion in einem Ego-Streichelzoo fühlt. Es gibt Frauen, die können das. Ganze Nationen sogar. Eine Visagistin, die lange in England gelebt hatte, erzählte mir mal, dass es in Großbritannien durchaus üblich sei, seinen Freundinnen ganz ähnlich leidenschaftliche, hingerissene und ja – auch romantische – Komplimente zu machen, wie man sie sonst nur von Männern (meist ja vergeblich) erwartet. »Und nicht etwa verschämt und einmal im Jahr, sondern nach dem Gießkannenprinzip!« Ich fand das wunderbar und dringend zur Nachahmung empfohlen. Gut, manche haben etwas verstört reagiert, als ich etwa meinte: »Du hast wirklich tolle Augen!« oder »Wenn ich ein Mann wäre, würde ich dich in diesem Mörderkleid sofort flachlegen wollen!« Aber mittlerweile machen wir uns einen Spaß daraus, das auszusprechen, was wir gern auch von unseren Liebsten hören würden. Ja, man kann als Freundin immer noch dazulernen. Auch von Frauen, die einfach mal eine Postkarte zwischendurch schicken. Oder ein Foto machen und es per WhatsApp senden: »Musste bei dem Kleid an dich denken. Würde dir toll stehen.« Das sind Freundinnen, die wissen, dass wir morgen die fiese Wurzelkanalbehandlung haben, und die vorher ein »Sei tapfer – es geht vorbei!« senden. Es sind diese Freundinnen, die mit einer Flasche Wein und Schokolade vor der Tür stehen, wenn wir den bis dato Liebsten beim Fremdgehen erwischt haben. Wirklich gute Freundinnen haben ein Gespür dafür, wann wir sie brauchen. Sie hören an unserer Stimme, dass irgendwas nicht stimmt. Teilnahme ist der Schlüssel zu einer guten Freundschaft. Und Großmut. Wie die Liebe krankt auch die Freundschaft oft an zu hohen und hehren Erwartungen. Und wie in der Liebe rankt sich auch um die vermeintlich ideale Freundschaft eine Menge überzuckerter Romantikkitsch, der mit dem echten Leben wenig gemein hat. Eine gewisse Realitätstüchtigkeit gehört deshalb auch mit ins Pflegeprogramm. So hübsch die Idee ist, dass es nur eine geben darf, so viel glücklicher werden wir mit der schönen Vielfalt. Ja, es braucht mehrere Freundinnen, damit die Freundschaft ihre Qualitäten frei von übergroßem Erwartungsdruck entfalten kann. Einem anderen Menschen alles sein zu müssen, das funktioniert weder in den Lieben mit noch in den Lieben ohne Sex. Jede Freundin bringt ja eine andere, spannende Nuance in unser Leben, ihren ganz eigenen Ton und damit eine weitere Chance, das Leben und die eigenen Möglichkeiten aus vielen verschiedenen Perspektiven kennenzulernen – und sich gleichzeitig auch ein paar zu ersparen.

Wir sind jedenfalls sehr froh, nicht alles miteinander teilen zu müssen. Die eine wäre ziemlich schnell erschöpft von all den sportlichen Ambitionen der anderen und hätte wenig Lust, etwa für einen Marathon zu trainieren oder sämtliche Freizeit in das Projekt ›Krähe seitwärts‹ zu investieren. Die andere wiederum ist ziemlich erleichtert, dass sich immer noch andere Freundinnen finden, die ihre Beste zu Konzerten in dunklen Keller-Clubs mit maximal 50 Zuhörern begleiten. Kein Problem auch, wenn jede auch mal mit anderen Freundinnen in Urlaub fährt. Wir wissen ja, was wir aneinander haben. Wir mögen aber auch die wichtigen Frauen im Leben der anderen. Es gibt einige ›Beutefreundinnen‹, also Frauen, die wir gegenseitig voneinander in unsere Herzen übernommen haben, die wir – gemeinsam oder auch allein – regelmäßig treffen. Aber daneben hat jede auch Freundinnen, zu denen die andere wenig Kontakt hat. Man kennt sich, lässt sich grüßen und findet sich sympathisch. Natürlich stellt keine von uns jemals eine von diesen Fragen, die ohnehin nur eine Art Abkürzung ins Unglück darstellen: »Wen magst du mehr?« oder »Angenommen, es käme ein Tsunami und du hättest auf der einen Seite Marion und auf der anderen Seite mich an der Hand. Eine müsstest du loslassen, um wenigstens dich und die andere zu retten. Welche wäre das?« Einfache Antwort: »Die, die so sackblöde Fragen stellt!« Nicht umsonst war die Serie »Sex and the City« so erfolgreich, weil es vier Frauen gelingt, die Idee von einer Freundschaft zu feiern, in der Exklusivität ebenso ihren Platz hat wie die schöne Vielfalt. Man kann sich natürlich darüber streiten, ob es zwischen so extremen Polen wie der etwas biederen Charlotte und der freizügigen Samantha überhaupt viele Berührungspunkte geben kann. Aber da sind ja noch Carrie und Miranda, die die großen Unterschiede in spannende Nuancen verwandeln. Dank »Sex and the City« wissen wir auch, dass so ein Freundinnenleben voller Gelegenheiten ist, das Angenehme mit dem Nützlichen zu verbinden.

»Wir haben uns so unfasslich lange nicht gesehen«, sagte Michaela gestern am Telefon. »Was hältst du davon, wenn ich dich morgen auf ein Glas Wein von der Arbeit abhole?«, schlage ich vor. »Morgen früh fliege ich zu einer Konferenz nach Wien«, bedauert sie. »Dann fahre ich dich eben zum Flughafen!« Irgendwas geht immer. Trotz allem. Schon weil es – frei nach dem amerikanischen Schriftsteller und Philosophen Ralph Waldo Emerson – schlussendlich nur einen einzigen Weg gibt, eine Freundin zu haben: selbst eine zu sein.

PS: Im Zweifelsfall bei Freundinnen ohne Etikett lieber ein wenig schonender waschen. Nicht jede verträgt 90 Grad und Schleudergang.

Fragen
an die Freundschaft

Eine alte Freundin hat sich gerade getrennt und will nun dauernd Zeit mit mir – ich bin Single – verbringen. Zeit, die sie vorher nicht aufbrachte, weil ihr Mann immer Priorität hatte ...

Klar besteht die Gefahr, dass – jedenfalls für Ihre Freundin – beim nächsten Mann nicht alles anders wird und Sie wieder auf dem Abstellgleis landen. Thematisieren Sie diese offenbar berechtigte Befürchtung. Machen Sie auch klar, dass Sie nicht alles stehen und liegen lassen werden, bloß weil Ihre Freundin jetzt ein paar Termine freihat.

~

Meine Freundin hat einen neuen Mann, den ich so gar nicht mag. Ich glaube, er ist nicht gut für sie. Soll ich sie darauf ansprechen? Jetzt, wo sie gerade so glücklich verliebt ist?

Erste Maßnahme: abwarten und sehen, wie sich die Sache entwickelt. Manchmal erledigen sich Dinge auch von selbst. Vielleicht kommt sie ja alleine drauf, dass er nicht der Richtige ist. Oder der Mann ist doch besser für sie, als Sie zunächst dachten. Beachten Sie: Es könnte kränkend oder auch anmaßend wirken, Ihrer Freundin einen schlechten Männergeschmack zu attestieren. Und ehrlich: Wer weiß, was sie in ihm sieht. Erfahrungsgemäß sind die Krötentoleranzen – also das, was man bereit ist, an einem Partner zu akzeptieren und zu tolerieren, sehr unterschiedlich verteilt.

Bei mir klappt es leider nicht mit der Mutterschaft. Alle medizinischen Gründe sind schon abgeklärt. Bei mir und meinem Mann. Jetzt überschüttet mich meine Freundin – die schon zwei Kinder hat – dauernd mit sensationellen Tipps, wie es doch noch klappen könnte. Sicher gut gemeint. Aber mich nervt das ...

Klar: Da schwingt immer auch so ein bisschen die Unterstellung mit, Sie hätten nicht wirklich alles versucht. Deshalb: Sagen Sie es ihr doch, dass Sie zwar die gute Absicht erkennen, es Ihnen aber nicht hilft, sondern Sie im Gegenteil eher nur noch trauriger macht.

~

Mir ist aufgefallen, dass meine Freundin seit einiger Zeit sehr viel trinkt. Ich habe das ihr gegenüber schon mal angedeutet. Nun merke ich, wie sie versucht, sich mir gegenüber zusammenzunehmen, fürchte aber, der Alkoholkonsum ist eher noch angestiegen ...

Wir würden es so halten: Auf jeden Fall formulieren, dass es Ihnen auffällt, dass sie zu viel trinkt. Aber: keine Vorwürfe! Sagen Sie ihr, dass Sie sich Sorgen machen und auch jederzeit bereit wären, Sie zu unterstützen, sollte sie ihren Konsum reduzieren wollen.

Kapitel 4

Eine organische Verbindung: Männerfreundschaften

»Ohne Winnetou hätten wir wahrscheinlich
mehr verloren als nur unsere Gewehre.«
Karl May, Winnetou

In aller Stille

Einer der besten Freunde meines Nachbarn Harald lebt in Österreich. Sie lernten sich kennen, als Harald während der Semesterferien damals in der Firma jobbte, in der auch Marco arbeitete. Seitdem besuchen sie sich gegenseitig. Die ersten mehr als 20 Jahre war immer auch Nadine dabei, Marcos Sandkastenliebe. Die beiden waren unzertrennlich und also auch immer gemeinsam bei den Essen dabei, die wir für den Besuch aus dem Nachbarland traditionell ausrichteten. Bis Marco eines Tages allein vor der Tür stand. »Was ist mit Nadine? Ist sie krank?«, fragte ich gleich bei der Begrüßung. »Wir haben uns getrennt!«, sagte Marco und dann nichts mehr. Ich dachte, gut, es ist der Freund von Harald. Sicher werden die beiden ein so gravierendes Ereignis erst mal unter vier Augen besprechen wollen. Als Marco abgereist war, erkundigte ich mich also, was diese so perfekt anmutende Beziehung auseinandergebracht hat. »Keine Ahnung«, sagte Harald. »Aber ihr seid doch Freunde!? Hast du nicht gefragt?«, meinte ich fassungslos. »Nein, ich will nicht indiskret sein.« Das ist fünf Jahre her, und noch immer weiß ich nicht, warum Nadine und Marco nicht mehr zusammen sind. »Er wird es mir schon erzählen, wenn ihm danach ist«, so Harald. Gut, man könnte jetzt argumentieren, dass er Marco möglicherweise versprochen hat, mir nichts zu sagen. Aber ich habe oft genug erlebt, wie Männer mit besten Freunden Karten spielten oder am Tresen saßen, und weiß also, dass es durchaus im Bereich des Möglichen liegt, keine weiteren Ansagen zu machen als »noch jemand Bier?« oder »18!? 20?! 22!? 23?!«. Dabei findet Sabine, eine Freundin, dass Harald es noch gut hätte. »Der hat wenigstens Freunde. Mein Mann hat nur mich. Das ist ganz schön anstrengend. Ich wäre froh, wenn ich ihn auch mal zum Skat, zum Fußball oder wenigstens auf ein Bier in irgendeine Eckkneipe mit anderen Männern schicken könnte.« Kein Einzelschicksal. Die meisten Männer, das schreibt auch der Berliner Psychologe Wolfgang Krüger, haben gar keine freundschaftlichen Beziehungen, in denen sie sich mal ihren Kummer, oder was sie sonst beschäftigt, von der Seele reden könnten. Sie machen alles mit sich selbst aus. Ein Mann redet also entweder nicht mit seinen Freunden – jedenfalls nicht über die wesentlichen Dinge –, oder er hat erst gar keine. Entsprechend glauben wir Frauen, dass Männer zwar Rasenmäher reparieren und Excel-Tabellen anlegen, aber keine Freundschaft können. Weil ihnen eben diese eine so wichtige Schlüsselqualifikation einer tiefen Verbindung fehlt: über Gefühle reden zu wollen. Weil sie sich nicht dauernd anrufen, um sich danach zu erkundigen, ob der andere in seinem Gefühlshaushalt vielleicht etwas umdekoriert hat, und weil sie eben noch nach fünf Jahren nicht wissen, warum sich ihr bester Freund von seiner Frau getrennt hat. Dafür aber alles über die Nabenschaltung seines neuen Rennrades.

Kühehüten für Fortgeschrittene

Kaum zu glauben also, dass die Männerfreundschaft noch bis ins 19. Jahrhundert kurz vor der Heiligsprechung stand. Männer galten als das gefühlvollere Geschlecht, das durchaus intensive Beziehungen pflegte. Nicht einfach so am Waschtrog, in der Küche oder beim Kühehüten, sondern selbstverständlich intellektuell wie emotional auf höchstem Niveau. Die Literatur ist voll von ebenso hymnischer wie schwärmerischer Begeisterung für diese natürlich ›vornehmste aller Beziehungen‹. Dabei machte man sich – typisch Mann – vor allem Gedanken über ihr Regelwerk und stellte wie etwa Cicero komplizierte Überlegungen zum Beispiel über das Verhältnis von Freundschaft und Staat an. Als wäre Freundschaft ein Schrebergartenverein, in dem erst mal alle wissen müssen, wie hoch die Hecke sein darf, wer in dem Laden den Vorstand macht und die Weihnachtsfeier organisiert. Schöner Nebeneffekt: Die Deutungshoheit über das, was Freundschaft ist und sein sollte, blieb so über Jahrtausende fest in männlicher Hand, die sich damit vor allem selbst exzellente Freundschaftszeugnisse ausstellte. So wie Aristoteles, Cicero, Sokrates, Homer, Michelangelo, Shakespeare, Schiller und selbstverständlich der französische Philosoph und Politiker Michel de Montaigne mit seinem berühmten Essay »Von der Freundschaft«. Ein Denkmal für seinen Freund Étienne de la Boétie, der mit 33 Jahren an der Ruhr starb. Die beiden hatten sich in Bordeaux kennengelernt, wo beide als Parlamentsräte arbeiteten. Obwohl ihre Freundschaft nur vier Jahre dauerte, trauerte Montaigne noch 20 Jahre später um Étienne. Auch weil er in all der Zeit keinen vollwertigen Ersatz gefunden hatte, der die schmerzhafte Lücke hätte schließen können. Umso höher hebt er, was er hatte, posthum in den Himmel. »Es muss so viel zusammentreffen, um dergleichen zu erreichen, dass es viel ist, wenn das Schicksal es einmal in drei Jahrhunderten zustande bringt.« Er stellt die (Männer-)Freundschaft sogar über die Ehe, einfach weil sie länger haltbar sei und auf Freiwilligkeit beruhe. Montaigne schwärmt in seinem Essay von der echten Freundschaft als »vollständiger Verschmelzung zweier Seelen«. Eine Fähigkeit, die die Schöpfung im Montaigne-Kosmos exklusiv für Männer reserviert hat. Über die Frauenfreundschaft schreibt er nämlich, dass »das schöne Geschlecht gewöhnlicherweise nicht hinlänglich Stoff zur Unterhaltung besitzt ... Dabei scheinen ihre Seelen nicht fest genug zu sein, um den Druck eines so scharf geschürzten und dauerhaften Knotens auszuhalten.« Wenig erstaunlich, wenn Männer mal wieder die Frauen sehr klein machen müssen, um sich größer zu fühlen. Überraschend ist allerdings, wie offensiv sich Montaigne für einen anderen Mann begeistern konnte, ohne zu fürchten, dass am Spielfeldrand seines Lebens andere Männer »schwule Sau!« rufen. Denn das ist ja heute das große Buh: ein wenig zu innig zu wirken. Dabei hat die Begeisterung heterosexueller Männer für andere heterosexuelle Männer sogar einen Namen: ›Man crush‹. »Einen ›Man crush‹ zu haben bedeutet für einen Mann, ein narzisstisches Idealbild zu begehren, ein besseres Ich, ein höheres Selbst«, schreibt Andreas Kraß in seinem Buch *Ein Herz und eine Seele*. Und auch darüber, wie ihn seine Kumpels schnöde im Stich ließen, als er sich öffentlich dazu bekannte, gern mal mit dem Schauspieler Aidan Turner ein Bier trinken gehen zu wollen, und »vielleicht, wenn wir betrunken genug sind, emotionale Intimitäten« auszutauschen. »Betäubendes Schweigen. Super, danke für den Zuspruch, Jungs. Ich gehe einen Schritt aus mir heraus, und ihr lasst mich hängen.« Vielleicht durfte Montaigne seinen ›Man crush‹ noch so offensiv leben, weil sein Freund schon lange tot war. Man musste also nicht fürchten, die beiden knutschend in einem Hauseingang zu entdecken, um wieder einmal bestätigt zu bekommen, dass

Männer nicht einfach so lieben können, sondern immer gleich Sex haben müssen. Obwohl schon ein rosa Hemd genügt, um unter Homosexuellenverdacht zu geraten, wie mein Mann bei einem Besuch in seinem Heimatdorf im Westerwald einmal feststellen durfte. »So etwas würde ich niemals freiwillig anziehen!«, sagte sein Schulfreund und schaute mich an, als hätte ich den 1,85 Meter großen und 100 Kilo schweren Mann neben mir eigenhändig und gegen seinen Willen in ein Balletttutu gezwängt, um ihn als Tanzmaus bei »Cats« anzumelden.

Blutsbrüder forever

Vermutlich müssen Männer deshalb zum Fußball: Um sich wenigstens nach einem Tor so inniglich herzen und küssen zu können, dass es bisweilen sogar der FIFA zu bunt wird und sie Anfang der 1980er Jahre nach einer leidenschaftlichen Umarmung von Karl-Heinz Rummenigge und Paul Breitner ein generelles Knutschverbot erteilte. Denn niemand hat ein Problem, wenn Frauen sich umarmen oder Händchen halten. Wenn sie in einem Bett übernachten, gemeinsam in Urlaub fahren und Bilder posten, in denen die eine auf dem Schoß der anderen sitzt. Aber alle Welt unterstellt Männern, damit schon längst eine für sie offenbar enorm wichtige Demarkationslinie in Richtung ›schwul‹ überschritten zu haben. Mann-Sein oder Nicht-Mann-Sein entscheidet sich leider immer noch nicht beim Grad der Feinfühligkeit, sondern in der Härte, mit der ein Kerl die Herausforderung annimmt, potenziell Konkurrent aller anderen Männer zu sein und in einem ständigen Wettbewerb um den größten Erfolg, das schnellste Auto, die attraktivste Frau oder wenigstens den Sieg beim Weitpinkeln. Und es zeigt sich – leider – immer auch noch in der Entschiedenheit, mit der er alles, was angeblich ›homo‹ ist, abwehrt. Nicht umsonst gilt der Ausdruck ›Bruder‹ oder ›Bro‹ als maximale Liebeserklärung unter Kerlen. Mit einem Blutsverwandten fängt man ja ganz sicher nichts an. Den darf man lieb haben. So wie Winnetou Old Shatterhand lieb gehabt hat. Obwohl da ja auch Körpersäfte die Zuneigung besiegeln. Aber klar, in allen Ehren und für alle Zeiten als leuchtendes Vorbild für Nähe und Vertrautheit unter Männern. Und dafür, dass sie selbstverständlich immer Wichtigeres zu tun haben, als sich tief in die Augen zu blicken. Dauernd mussten die Blutsbrüder ja Frauen retten und der Gerechtigkeit im Wilden Westen zum Sieg verhelfen.

Wobei wir bei einem weiteren typischen Unterschied zwischen Männern und Frauen wären: Männer brauchen immer ein gemeinsames Projekt für ihre Freundschaft, das sie dann anstelle des Freundes durchaus leidenschaftlich romantisch verbrämen. Denn klar, auch Männer mögen es gern total süß, bloß dass sie den Zuckerguss auf ihren Beziehungen nicht in Poesiealben verewigen, sondern auf Fußballplätzen, Fahrradtouren, Motorradausflügen, mit Surfer-Abenteuern ausleben. Hat ja jede schon mal erlebt, wie selbst gestandene Kerle sich dann mal Pipi in den Augen erlauben, wenn sie von ihren Heldentaten erzählen. Wie sie dieses und jenes mit Karl-Heinz oder Michael oder Theo gewuppt haben: die Firma eröffnet, die Spielstraße bei der Stadt durchgedrückt, noch in der Nachspielzeit den Sieg gegen die B-Jugend des TSG 1861 Sprendlingen e. V. errungen. Ganz in der Tradition anderer berühmter Männer-Duos oder -Trios, die ihre Liebe zueinander mit gemeinsamen Projekten tarnten: Marx und Engels, Dean Martin, Sammy Davis jr. und Frank Sinatra, Mick Jagger und Keith Richards, Batman und Robin, Nietzsche und Wagner, Gauguin und Van Gogh und nicht zu vergessen Stan Laurel und Oliver Hardy oder Asterix und Obelix, Gerhard Schröder und Wladimir Putin. Entsprechend kreisen Männergespräche dann auch um Themen wie Beruf, Karriere, Sport, Autos, Motorräder, Rasenmäher und um Frauen. Sofern die nicht schon eine Weile in Gebrauch sind. Auch Frauen gehören zu den Statussymbolen. Allerdings, so die Wissenschaft vom männlichen Protzen, erst nach Sport, aber wenigstens vor den Autos. Das bestätigt die amerikanische Sozialpsychologin Elizabeth Aries. Demnach unterhalten sich Männer mit ihren engeren männlichen Freunden viel weniger über persönliche Themen, als das Freundinnen tun. Es stünden vielmehr Wettstreit, Leistung und Aggression im Vordergrund. Das kann manchmal ziemlich kränkend sein. So wie vor ein paar Monaten, als mein Mann mit einem seiner besten Freunde telefonierte. Offenbar fragte der, wie es so gehe. Worauf mein Mann zu einem ziemlich langen Monolog darüber ansetzte, welche Musikboxen er demnächst neu anschaffen würde und warum. Kein Wort darüber, was ich gerade im Krankenhaus erfahren hatte: dass ich seit fünf Wochen mit einem gebrochenen Arm unterwegs gewesen war. Ich war beim Joggen gestürzt und nicht gleich zum Arzt gegangen. Vielleicht hätte ich beim Sturz das Plattenregal meines Mannes mit auf den Boden reißen sollen. DAS hätte mich sicher für ein Thema unter besten Freunden qualifiziert.

Liebe in Gedanken

Meine Mutter erzählte jahrelang gern, wie mein Vater als junger Mann einmal mit seinen Freunden eine Kanufahrt auf der Leine, einem kleinen Flüsschen in Niedersachsen, unternommen hat. Diese Fahrt war für alle eine Premiere. Und bald muss den Beteiligten klar gewesen sein, dass das bei sengender Mittagshitze keine besonders gute Idee war. Doch keiner wollte sich als Erster die Blöße geben und sagen, dass sie sich wohl übernommen hatten. Sie kehrten erst um, als einer meinte, er hätte da noch eine wichtige Verabredung. Da warf die Haut schon Blasen. Der Muskelkater am nächsten Tag war so schlimm, dass mein Vater danach nie wieder ein Ruder oder Paddel in die Hand nahm. »Aber warum haben sie nicht gesagt, dass es viel zu anstrengend ist, oder wenigstens mal Pause gemacht!?«, fragten meine Schwester und ich jedes Mal fassungslos. Und meine Mutter konterte: »Es wäre ja auch zu einfach gewesen, sich etwa bloß in ein Café zu setzen.« Damals staunte ich, wie sehr doch die Männerfreundschaft zur Unvernunft neigt. Ehrlich: Schon als Mädchen findet man diesen sinnlosen Bubenkram eher bescheuert. Es erschien mir enorm aufwendig, immer eine Aktivität vorschieben zu müssen, um sich treffen zu können. Andererseits zeigten sich gerade in der Langzeitbeobachtung aber auch unübersehbare Vorteile und durchaus ein ziemlich cleverer Masterplan. Denn wenn mein Vater abends noch das Haus verließ, um an einer Vereinssitzung teilzunehmen, klang das wie ein Naturereignis, das selbst Gott nicht aufhalten kann. Schon gar nicht wegen eines Elternabends. Im Unterschied zu ›ich gehe lieber mit Jörg auf ein paar Bier‹ hatte so eine Sitzung das Gewicht und die Unabwendbarkeit eines Meteoriteneinschlags. Männer treffen sich ja nicht einfach so, sondern stets aus mindestens weltbewegenden Gründen. Das verleiht ihren Begegnungen und damit ihren Beziehungen gleich etwas Hochoffizielles, Bedeutsames. Vielleicht bemühen sie sich deshalb so sehr, Frauen aus ihren Welten fernzuhalten – den Vorständen, den Fußballstadien, den Business-Clubs –, weil wir möglicherweise feststellen könnten, dass da auch nur mit Wasser gekocht wird und es tatsächlich wichtiger wäre, den Elternabend zu besuchen, als mit Herrn Dr. Müller noch eine Runde Golf zu spielen oder in diese neue Table-Dance-Bar zu gehen. Man muss auch mal ganz neidlos anerkennen, wie über eine lange Zeit die Beziehungen von Männern immerhin eng genug waren, um die Reihen so fest geschlossen zu halten, dass nicht mal die schmalste Frau durchpasste. Und wie gut das, was man gemeinhin als Filz, Seilschaft, Kumpanei, Klüngel oder Vetternwirtschaft bezeichnet, da offenbar gerade zwischen Männern funktioniert hat. Und zwar über Generationen. Das habe ich während des Studiums erlebt, als ich bei einem Notar jobbte. Er war schon etwas älter und trug den Mitgliedsausweis der Elite praktischerweise gleich im Gesicht: einen Schmiss einmal quer über die Wange. Wenn er sich nicht damit beschäftigte, reiche Männer arm zu rechnen, damit sie ihren Frauen bei der Scheidung nicht so viel zahlen müssen, oder für viel Geld einen Antrag auf eine Arbeitserlaubnis in Deutschland ins Ausland zu schicken (ein Formular, das ich vorher für ein paar Mark im Schreibwarenladen gekauft hatte), organisierte er Spitzenpositionen für die jüngeren Mitglieder seiner Burschenschaft. Aus keinem weiteren Grund als dem, dass sie Mitglieder seiner Burschenschaft waren. Ich dachte damals bei mir, dass Frauen sich erst mindestens 85-mal zum Essen gesehen und sich mindestens so oft das Herz ausgeschüttet haben müssen, bevor sie sich um solch einen großen Gefallen bitten würden. Wenn überhaupt.

Einfach anders

Mag sein, dass Männer nach einem Treffen mit ihrem besten Freund nicht mal wissen, ob der möglicherweise nackt war. Geschweige denn, wie es seiner Frau geht und ob die Tochter sich tatsächlich ein Tattoo mit dem Geburtsdatum ihres Hamsters am Handgelenk hat stechen lassen. Sicher stimmt, dass Freundschaften unter Frauen »nachweislich intimer sind als Freundschaften unter Männern«, wie die Privatdozentin für Psychologie Ann Elisabeth Auhagen von der Freien Universität Berlin einmal bestätigte. »Unter Freundinnen gibt es mehr Selbstöffnung, mehr emotionale Beteiligung. Auch gelten Frauenfreundschaften als vielschichtiger, sie beschränken sich nicht auf kameradschaftlichen, sportlichen oder kommerziellen Austausch.« Dafür sind Männerfreundschaften vielleicht unbeschwerter und entspannter, gerade weil nicht so viel emotionaler Ballast im Spiel ist. Sie stellen weniger Fragen. Stimmt. Aber eben auch dann, wenn – wie kürzlich bei uns – ein Freund vor der Tür steht und mal eben eine Bleibe braucht, weil daheim der Haussegen schief hängt. Es wird einfach ›gemacht‹. Es kann auch Liebe sein, wenn zwei wortlos am Tresen stehen und nichts tun, als dem Zähneknirschen des anderen zu lauschen. »Es gibt kein schöneres Geräusch«, so Groucho Marx. Fragt man Männer, was sie an ihrer Freundschaft zu anderen Männern so schätzen, dann sagen sie, dass ›er‹ besser auf den Punkt kommt. Dass man Tacheles spricht und dass Dinge längst nicht so schnell übelgenommen werden, wie sie es bei Frauen erleben. Entgegen anderslautenden Gerüchten scheint das keine schlechte Basis zu sein. Männerfreundschaften sind nämlich ausgesprochen haltbar, sie beginnen oft bereits während der Schulzeit und der Ausbildung und währen dann gern ein Leben lang. Männerfreundschaft, das ist auch Projektentwicklung. Da setzen zwei oder mehrere gemeinsam ihre Kräfte ein, um etwas aufzubauen. Ein Umstand, der schon sehr viele, sehr steile und sehr einträgliche Karrieren begründet hat. Im Unterschied zu Frauenfreundschaften, die wir oft als reinen Selbstzweck betrachten – weil sie uns schon an sich glücklich machen.

Wie sich Männer überhaupt befreunden? Mein Mann hat seine drei besten Freunde beim Fußball aufgegabelt, an der Uni und in seinen Semesterferien in der Schweiz. Ich nehme an, es hat ihm gefallen, wie ähnlich sie ticken. Dass sie sich wie er für Musik begeistern, gern lesen und ab und zu mal über den Tellerrand schauen. Damit waren seine Freundschaftsbedürfnisse mehr als erfüllt. Mehr brauchte er nicht. Die drei sind das Fundament, auf dem er durchaus auch Kontakt zu anderen Männern pflegt. Zu Stefan etwa, einem Hybrid aus Nachbar und Kumpel, Intellektuellem und Fußballhardcore-fan, oder zu Mohamed, mit dem er im Schwimmbad immer wieder samstags den ganzen Vormittag durchquatscht. Da gibt es keinen Wettbewerb, keinen Kampf um ›meine Villa, meine Yacht, mein Nummernkonto in der Schweiz‹. Aller-dings auch, weil alle ungefähr dasselbe verdienen. Und ehr-lich, vielleicht würde Marco es ja sehr begrüßen, wenn mein Nachbar ihn dann doch endlich mal fragen würde, wie das mit der Trennung von seiner Frau damals so war. Und möglicher-weise hätten Männer ohne dieses große Missverständnis, dass das so ein Frauending ist, sich nach den Gefühlen des anderen zu erkundigen und man damit also praktisch kurz vor einer Geschlechtsumwandlung steht, ja noch mehr voneinander. So wie Frauen profitieren könnten, würden sie ihr Freundschafts-portfolio auch für das Eingeständnis öffnen, dass es ganz klar auch bei ihnen einen ständigen Wettkampf gibt: um das glücklichere Kind, die bessere Figur, den größeren Schnapp im Ausverkauf und die attraktivere berufliche Position. Nur dass der häufig nicht mit offenem Visier, sondern mit Spitzen und Sticheleien ausgetragen wird, anstatt sich einfach mal die Boxhandschuhe überzuziehen und die Sache vor der Tür ein für alle Male auszutragen. Nach Männerart: sich einmal ordentlich anschreien und danach mindestens ein Bier oder besser sieben bis acht zusammen trinken.

Das Schweigen der Väter

Eine Mischform wäre toll. All die Sachen, die sich in Männer-freundschaften als ziemlich praktisch und ganz schön förder-lich erwiesen haben – zum Beispiel dieser so blinde Support, der immer und unter allen Umständen den anderen Mann bevorzugt. Bloß weil er ein Mann ist und egal, wie unqualifiziert er sein mag. Umgekehrt könnten und sollten sich Männer durchaus auch von uns Frauen etwas abschauen. Gerade auf die lange Strecke hat das noch immer so verbreitete Männerfreundschaftsmodell ›einsamer Wolf unter einsamen Wölfen‹ seine Tücken. Was bisweilen am Ende einer Oldschool-Männerfreundschaftskarriere steht, das erleben wir gerade bei unseren Vätern. Wenn sie geschieden sind oder Witwer und daheim die Frau nicht mehr als Sozialministerin zur Verfügung steht. Mit der Gattin sind ja oft auch jene emotionalen Qualitäten verschwunden, für die Männer miteinander viel zu wenig geübt haben: zuhören, nachfragen, über den Kopf streicheln, heulen, wenn Winnetous Schwester Nscho-tschi ihre letzten Worte haucht, und natürlich sofort erkennen, wenn da jemandem eine XXL-Laus über die Leber gelaufen ist, sich eine Erkältung anbahnt oder etwas Schlimmeres. Ein Mann, der nicht mal bemerkt, wenn sich die Kollegin die blonden Haare gerade schwarz gefärbt hat, wird vermutlich nicht zu seinem Freund sagen: »Ich glaube, du solltest den Notarzt rufen, dein Mundwinkel hängt so komisch! Und zwar sofort und nicht erst, wenn der Bundesliga-Samstag gelaufen ist.« Dazu braucht man – noch – eine Frau. Allerdings sind wir es auch, die genau für diese Schlüsselqualifikationen sorgen könnten. Indem wir unsere Söhne eben nicht auf Wettkampf trimmen und uns Sätze verkneifen wie ›Du willst ein Junge sein? Dann hör auf zu heulen!‹. Anstatt sich gemeinsam aufs Sofa zu setzen und über den ersten Liebeskummer hinwegzutrösten.

Es ist außerdem die innerfamiliäre Arbeitsteilung, an der Söhne zuerst erleben, was von einem Mann – auch in Freundschaften – erwartet wird. Und es sind auch manche Mütter, die sich schon Sorgen machen, wenn ihr Kind gar kein ›richtig wilder Junge‹ ist und seine Geschlechtszugehörigkeit nicht schon im Sandkasten mit Rangeleien beweist. Auch heute noch bekommen Jungs gesagt, sie wären doch wohl keine Mädchen, wenn sie sich vor etwas fürchten; und wenn sie ihren Freund inniglich umarmen, blühen ihnen nicht nur auf dem Schulhof böse Sprüche. Wie immer steckt auch bei der Erziehung der Teufel im Detail. Mein Bruder etwa wurde über Jahre von einem Onkel misstrauisch beäugt, weil er EINMAL bei einem Besuch ein zweites Kopfkissen verlangt hat und außerdem eine Puppe besaß, schon um mit zwei Schwestern mithalten zu können. Viele Eltern glauben, dass sich ein Junge nur ›als richtiger Junge‹ später einmal durchsetzen kann – in einer Männerwelt, in der Nähe feminisiert und Weiblichkeit als Schwäche ausgelegt wird. Aber wer sich selbst keine Weiblichkeit erlaubt, der wird sie auch bei anderen für verachtenswert halten. Und er verzichtet auf einen wichtigen Schutzfaktor: Laut einer Studie von Ittel und Scheithauer sind Kinder, die sich nicht »geschlechtertypisch« verhalten, resilienter – also widerstandsfähiger. Vermutlich auch, weil sie einfach über ein größeres Verhaltensrepertoire verfügen – unter anderem, um Konflikte zu verarbeiten oder einfach nur den Alltag zu bewältigen. Wir hätten also alle etwas davon, schon kleine und natürlich auch ältere Jungs zu ehrlichen Aussagen über ihre Gefühle und sich zu ermuntern; dazu, sich selbst zu zeigen und vor allem nicht so zu tun, als gäbe es Tätigkeiten, die unter der Würde eines richtigen Mannes sind: lesen, kochen, es gern hübsch haben, sich schminken, Händchenhalten, weinen, rosa Hemden tragen, eine weiche Matratze bevorzugen und ein Faible für Katzen, Ballett und Kuschelrock hegen. Damit hätten sich endlich auch Sexismus und Homophobie so ziemlich erledigt. Umgekehrt könnten wir Frauen dann und wann sehr gut ein paar Eier gebrauchen. *Hard boiled*, versteht sich. Wir könnten auch mal mehr miteinander unternehmen, als nur miteinander zu reden. Probleme nicht immer nur archivieren, sondern angehen. Frauen unterstützen, weil sie Frauen sind, und uns auch mal bloß zum Sport oder auf einen Ausstellungsbesuch treffen, um uns dann zwei Wochen lang ganz im Vertrauen darauf, dass wir uns auch später noch sehr mögen werden, nicht mehr zu melden. Es gäbe da eine Menge, was wir auch von Männern lernen könnten. Außer natürlich, unsere beste Freundin nicht zu fragen, warum sie sich eigentlich getrennt hat. Aber das brauchen wir auch nicht. Sie wird es uns – zum Glück – ganz sicher auch so sagen.

Fragen
an die Freundschaft

Meine Freundin schlägt dauernd Viererdates vor: mein Mann und ich und ihr Mann und sie. Aber mein Mann ist ohnehin nicht heiß drauf, und ich würde sie auch lieber häufiger alleine treffen ...

Formulieren Sie es positiv: Ich möchte lieber mehr Zeit mit dir alleine verbringen. Weil du meine Freundin bist und weil es sich ganz anders spricht, wenn die Männer nicht dabei sind.

~

Mein neuer Mann erwartet von mir, dass ich mich ganz auf seinen Freundeskreis konzentriere. Ich habe kaum noch Zeit für meine alten Freunde ...

Obacht! Wir wollen den Teufel – die Trennung – nicht an die Wand malen. Aber im Fall der Fälle würden Sie dann ziemlich allein dastehen. Die Frage ist außerdem, weshalb Ihr Mann so darauf drängt, Ihre Freunde außen vor zu lassen.

~

Der Mann meiner besten Freundin und mein Mann können sich nicht ausstehen. Abende zu viert sind uns beiden deshalb ein Graus. Aber müsste das nicht anders sein?

In einer perfekten Welt – sicher. Aber im echten Leben ist es so: Sie haben sich Ihre Freundin ausgesucht und nicht deren Mann und umgekehrt. Belassen Sie es also einfach beim Freundschaftskerngeschäft, und treffen Sie sich zu zweit. Das heißt nicht, dass man den Männern nicht auch mal zumuten kann, Sie zu größeren Festivitäten zu begleiten und dabei gute Miene zur herzlichen Abneigung zu machen.

Kapitel 5

Wie man eine
Freundschaft ruiniert

»Man braucht einen Tag, um eine Freundin zu gewinnen,
eine Sekunde, um sie zu verlieren,
und ein ganzes Leben, um sie zu vergessen.«
Volksweisheit

Ausgeliebt

Nicht mal ihre Scheidung sei so schlimm gewesen, erzählte
Patricia kürzlich. So erstaunt, als könne sie es selbst nicht
glauben, wie es ihr das Herz zerrissen hat, sich von ihrer besten Freundin zu trennen. »Seit fast 30 Jahren bin ich mit Margarethe befreundet und war in dieser Zeit immer für sie da.«
Margarethe ist Einzelkind, die Eltern sind schon lange verstorben, und sie war ewig Single. »Deshalb hat sie oft auch Weihnachten und Silvester oder Ostern mit mir und meinem Sohn
gefeiert.« Patricia hat nächtelang mit Margarethe telefoniert,
wenn die mal wieder unglücklich verliebt war. Sie hat sie ermutigt, wenn wichtige berufliche Entscheidungen anstanden,
und war für die ewig Unsichere so etwas wie die schusssichere
Weste im ewigen Selbstzweifelhagel. Jetzt hat sich Margarethe
wieder einmal Hals über Kopf verliebt. Nichts Neues eigentlich.
Bis auf einen kleinen Unterschied. »Letzte Woche schickte sie
mir per WhatsApp die Nachricht, sie werde am Wochenende
›ganz spontan‹ heiraten. Und zwar ohne mich.« Nicht, dass
die beiden nach Las Vegas gereist wären oder bloß zu zweit

zum Standesamt gegangen sind. Nein, Margarethe schrieb Patricia, die Trauung würde »im engsten Familienkreis« stattfinden. Also mit den erwachsenen Kindern des Traumprinzen aus einer früheren Beziehung, mit seiner Schwester und seinem Cousin. »Ich war wie vom Donner gerührt. Als sie mich brauchte, war ich noch Familie. Das hat sie oft genug betont. Jetzt hat sie mich einfach so in die letzte Reihe verbannt, für jemanden, den sie kaum kennt. Ich bin wirklich am Boden zerstört!«

Es trifft uns hart, wenn wir eine Freundin verlieren. Schließlich sind nur noch in der erotischen Liebe so viele Emotionen im Spiel wie in der Freundschaft. Freundschaft bedeutet ja immer auch, dass man sich voreinander ziemlich nackig machen kann. Nackt genug für einen Saunabesuch und für das Gefühl, dass einem an der anderen nichts fremd ist und umgekehrt. Das ist ja gerade das große Glück, dass wir diese engen und unbequemen und auch wenig kleidsamen Seelen- und Ego-Schutzanzügen, in denen wir sonst so unterwegs sind, an der Freundinnengarderobe abgeben können. Dass wir uns zeigen können, wie wir sind. Mit allem an Plus, aber auch an Minus, das uns nun mal ausmacht. Was Freundschaften auszeichnet, ist ja gerade, sich niemals fürchten zu müssen, enttäuscht, ausgenutzt oder betrogen zu werden. So dass man getrost auch ohne die üblichen Vorsichtsmaßnahmen wie Argwohn, Skepsis und Vorsicht unterwegs sein kann und sich trotzdem total sicher fühlen darf. Auch deshalb bringt ausgerechnet die Freundschaft, besonders die innige, ideale Voraussetzungen mit für die blutigsten Gemetzel am eigenen Herzen. Mit viel Glück bleibt einem diese Erfahrung erspart. Aber aller Wahrscheinlichkeit nach hat jede von uns schon mal erlebt, wie einem eine Freundschaft mit einem großen Knall um die Ohren fliegt oder aber auch einen stillen Tod stirbt. Das kommt sehr viel häufiger vor, als wir glauben mögen. Denn entgegen anderslautenden Gerüchten ist Freundschaft kein Langstreckenlauf, sondern eher für die Kurzstrecke gemacht. Das ist jedenfalls das Ergebnis einer Studie des Soziologen Gerald Mollenhorst von der Universität in Utrecht. Der Niederländer befragte 1007 Freiwillige zwischen 18 und 65 Jahren zu ihren Freundschaften, sieben Jahre später befragte er noch einmal 604 der Teilnehmer. Da hatten nur noch knapp 50 Prozent dieselben Freunde. Dem Rest war die Stammbesetzung abhandengekommen.

Begrenzt haltbar

Auch Freundschaften haben ein Verfallsdatum. Manchmal lernt man es wie Maria durch Zufall kennen. Als sie wegen einer schlimmen Erkältung von ihrem Arbeitgeber vorsorglich frühzeitig nach Hause geschickt wurde, fand sie ihren Mann mit ihrer besten Freundin im Bett. Damit hatte sie nicht mal mehr jemanden, an dessen Schulter sie sich ausweinen konnte, nachdem sie Manfred die Koffer und seinen Aufsitzmäher vor die Tür gestellt hatte. Und nein, das haben wir uns nicht ausgedacht. So etwas passiert offenbar wirklich und nicht nur im Kino. Anderen Freundschaften geht dagegen gaaaaaanz langsam die Luft aus. Alexander und Gerit sind so ein Fall ewigen Freundschaftssiechtums. Mein Mann und ich hatten die beiden in einem Urlaub am Gardasee kennengelernt. Wie wir waren auch sie damals mit einem Kombi unterwegs. Die Surfbretter der Männer auf dem Dachgepäckträger, jeder von uns gerade in der stressigen Endphase einer Ausbildung. Es war sozusagen Liebe auf den ersten Blick. Wir waren uns in so ziemlich allem einig: Rotwein statt Bier, Stadt vor Land, Theater statt Fernsehen, Reisen statt Aktien und selbstverständlich Rolling Stones und keinesfalls die Beatles. Wir fanden es alle vier ein großes Glück, dass Gerit und Alexander irgendwann von Göttingen nach Frankfurt gezogen sind und wir uns noch öfter sehen konnten. Hätten wir nämlich bei Parship eine Kontaktanbahnung laufen gehabt, hätten wir es vermutlich auf eine magische Freundschaftsquote von mindestens 70 Prozent ›Matchingpoints‹ gebracht. Doch die Zeit veränderte uns und unsere so solide Freundschaftsgrundlade. Irgendwann saßen wir nur noch angespannt in der 250-Quadratmeter-Villa der beiden am Designertisch für 2500 Euro und aßen von dem – wie ich fand – wahnsinnig hässlichen Versace-›Luxustafelservice‹ Mehrgangfeinschmeckermenüs, bei denen einzelne Zutaten so viel kosteten, wie mein Mann und ich in einer Woche für Lebensmittel ausgeben. Nein, ich bin nicht neidisch. Mich nervte vielmehr, wie Gerit und Alexander praktisch alles in ihrem Leben mit einem Preisschild versehen hatten. Dass sie fanden, was nichts kostet, sei auch nichts wert, und dass wir über nichts anderes mehr sprachen als über Dinge, die man kaufen kann, gekauft hatte oder kaufen würde. Als würden sie ihr Leben in einem animierten Katalog aus dem Luxussegment verbringen. Mit einem – zugegeben – exzellenten Catering. Natürlich fragte ich mich immer wieder mal, wie wir – ihre erklärten Freunde – eigentlich noch in ihr Leben passten? Ob sie uns vielleicht auch bloß noch aus alter Gewohnheit immer wieder trafen? Ob sie möglicherweise auch mit uns am Tisch saßen und haderten? Über meinen Mann und mich, dieses langweilige Paar, das ihnen die Ekstase über den verdienten Konsum so sauertöpfisch verweigerte? Und ich überlegte: Wann genau waren uns eigentlich die wichtigsten Nährstoffe wie Aufmerksamkeit, Wärme und Offenheit abhandengekommen? All die Verbundenheit, die wir einmal so genossen hatten? Ist es vielleicht das Alter, das einen reizbarer, ungeduldiger, überkritisch macht? Schließlich entdecke ich bei Gleichaltrigen ganz ähnliche Freundschaftsermüdungserscheinungen. Bei der Kollegin, die enttäuscht erzählt, wie es in ihrer Clique nur noch ›ums Aussehen, Jungbleiben, Shoppen‹ geht. Oder bei der Nachbarin, die halbtags als Verkäuferin arbeitet, um sich noch um ihre pflegebedürftige Mutter kümmern zu können. Sie sagt, wie es sie deprimiert, dass alle schon von der Rente reden, während sie noch ewig wird weiterarbeiten müssen. »Lange war es kein Thema, dass ich vor allem mit Lehrerinnen befreundet bin. Jetzt schon. Ich könnte heulen, wenn die erzählen, wie viel Pension sie erwarten können und was sie alles Tolles damit anstellen werden.« Kaum etwas verstört mehr als die Feststellung, sich von guten Freunden entfremdet zu haben. Es fühlt sich ähnlich beunruhigend an, als würde man im Flugzeug die Durchsage hören: ›Tut mir leid, die Schwimmwesten haben wir heute vergessen!‹. Man trennt sich ja nicht nur von alten Freunden, sondern von dieser unglaublich schönen und sehr beruhigenden Idee: Dass Freundschaft unkaputtbar ist, ›bis dass der Tod uns scheidet‹ hält und über allem steht. Auch über dem, was das Leben aus uns macht. Andererseits verändern sich unsere Leben und wir uns mit ihnen nicht zwingend in dieselbe Richtung. Man stellt fest, dass die Zuneigung ganz allein und so verlassen von allen gemeinsamen Themen nicht mehr trägt. Man will es lange nicht wahrhaben. Schon weil unsere Vorstellung von einer innigen Beziehung auf einem enorm hohen Podest steht. Aber auch aus reiner Berechnung. ›Prospect Theory‹ nennen Psychologen den Grund, weshalb wir oft viel zu lange an Beziehungsaltlasten festhalten (übrigens auch in der erotischen Liebe). Demnach behandeln wir manche Bindungen wie Aktien, die längst ins Bodenlose gestürzt sind. Vernünftig wäre es, sie abzustoßen. Einerseits. Andererseits hoffen wir, sie würden irgendwann wenigstens wieder so viel bringen, wie wir investiert haben. An Zeit, Energie, Aufmerksamkeit. Auch deshalb sind manche Freundschaften wie das Licht von Sternen, die längst erloschen sind: Sie leben bloß noch von Erinnerungen und aus Gewohnheit fort. Ohne Materie, also Substanz.

Und so verschleppt man Treffen, fragt nicht mehr nach, wie es geht, oder glaubt, wenn die andere noch einmal sagt, »ich habe ja eigentlich nichts gegen Ausländer, ABER ...«, ihr eine knallen zu müssen. »Freundschaft ist ja, dass man so sein darf, wie man ist, und nicht so sein muss wie die anderen«, lese ich in einer Zitatensammlung zum Thema. Klar, das hätten wir gern. Es klingt so nobel. Tatsache aber ist, dass wir die am meisten mögen, die uns in unserem So-Sein bestätigen, mit denen wir dieselben Werte teilen, während einen umgekehrt das Anderssein ganz schön anstrengt. Besonders auf Dauer. Das gilt leider gerade für die ganz langen Freundschaften. Die, die praktisch im Sandkasten geschlossen wurden, weil man in derselben Straße lebte oder auf dieselbe Schule ging oder weil die Eltern befreundet waren. Da ist es noch leicht, Gemeinsamkeiten zu finden, wenn sowieso alle auf denselben Pfaden unterwegs sind. Wenn wir alle noch unbeschriebene Blätter sind. Wenn alle – außer vielleicht Martin, der Streber – den Chemielehrer bekloppt finden und die Eltern verbohrt und lebensfern. Je mehr sich aber Persönlichkeiten, Vorlieben, Lebenspläne herauskristallisieren, je mehr sich Biographien verfestigen, umso schwerer wird es, sie miteinander abzugleichen, immer das wiederzufinden, was einen einmal so aneinander begeistert hat. Dann erlebt man vielleicht, wie steter Widerspruch, der ständige Meinungscrash oder aber auch das fortgesetzte Unter-den-Teppich-Kehren die Gefühle ganz schön aushöhlen können. So wie es mir auch mit Gudrun passiert ist.

As time goes by

Gudrun kam damals noch in der Oberstufe neu an unsere Schule. Sie war zwei Jahre älter. Eines davon hatte sie ausgesetzt, weil sie mit ihrem damaligen Freund – einem Franzosen, den sie beim Schüleraustausch kennengelernt hatte – nach Frankreich ausgewandert war. Allerdings war sie schon ein paar Monate später wieder daheim. Sie hatte sich – das erzählte sie – das Leben in der französischen Provinz deutlich glamouröser vorgestellt. Mehr wie Paris und nicht wie das verschnarchte Kaff, in dem sie mit ihrem Franzosen gelandet war. Als sie zu uns kam, hatte sie ein ganzes Schuljahr verpasst und deshalb damals nicht nur einen Führerschein, sondern sogar schon ein eigenes Auto. Schnell stand sie mit den Älteren in der Raucherecke und machte überhaupt den Eindruck, die coolste Socke auf diesem Planeten zu sein. Wir wurden schnell beste Freundinnen und zogen gleich nach dem Abitur zusammen, lebten mit anderen Freundinnen und auch Männern in wechselnden Wohngemeinschaften. Bald verliebte sie sich in einen angehenden Juristen und verwies alles andere in ihrem Leben auf den zweiten Platz. Auch mich. Ich wusste es, sie wusste es, aber da es damals unter uns frauenbewegten Studentinnen als indiskutabel galt, für einen Mann alles – vor allem Freundinnen – aufzugeben, wurde das nie ausgesprochen. Stattdessen trugen wir unsere Zwistigkeiten auf Nebenschauplätzen aus. Sie fand, ich sei ›karrieregeil‹, weil ich mich so ins Studium vertiefte. Ich warf ihr vor, falsche Prioritäten zu setzen, und war auch enttäuscht, wenn ich mit anschauen musste, wie sie für ihren Gregor stets alles stehen und liegen ließ. Die beiden bekamen bald das erste Kind, und damit setzte Gudrun neue Themen auf ihre Agenda, die mich nur mäßig interessierten: die Kinderfeindlichkeit in der Gesellschaft und die Last, die Mütter zu tragen haben. Ich argumentierte, es sei schließlich ihr frei gewähltes Schicksal, gar nicht erst in dem Beruf angefangen zu haben, den sie gewählt hatte. Sie sagte, ich – noch kinderlos – hätte ja gar keine Ahnung, was sie da täglich zu stemmen habe. Praktisch alles wurde plötzlich zum Crashtest für unsere Beziehung. Niemals sagten wir uns »ich habe mich geirrt!« oder »JETZT verstehe ich, was du meinst« oder »ich hasse dieses oder jenes an dir – aber zum Glück bist du ja mehr als das!«. Wir stritten uns schließlich immer erbitterter um Fragen des Lebensstils, sprachen aber nie darüber, warum wir uns darüber so ineinander verkanteten. Ich warf ihr vor, im Billigst-Discounter zweifelhafte Arbeitsbedingungen zu unterstützen, sie mir, dass ich eben keine Ahnung hätte von den Nöten von Familien, die finanziell nicht so gut gestellt wären wie ich (was nicht stimmte). Unsere Freundschaft, die – trotz allem – einmal leichtfüßig und spannend gewesen war, wurde zäh. Irgendwann schlichen wir nur noch argwöhnisch, angespannt und schlecht gelaunt umeinander herum. Bis es vor ein paar Jahren dann gar nicht mehr ging. Heute sehen wir uns manchmal noch bei Geburtstagen von gemeinsamen Freundinnen. Dann plaudern wir miteinander. Es ist nett, und ich frage mich jedes Mal, ob wir nicht wieder an unsere besseren Zeiten anknüpfen sollten. Ich glaube, es geht ihr ähnlich. Manchmal sagen wir dann »wir müssen uns unbedingt mal wieder sehen«, tun es aber nicht. Vielleicht auch, weil sie – wie ich – im Hintergrund immer auch den ganzen Ärger sich aufbäumen sieht, der sich über die Jahrzehnte angesammelt hatte. Es ist, als würde man eine sehr große, aber vergangene Liebe treffen – eine, mit einem ganzen Stapel offener Rechnungen. Ein einziges Gewirr an Enttäuschungen und Verletzungen, die man wie die Weihnachtslichterkette vom letzten Jahr niemals auseinanderklamüsern möchte. ›Schwamm drüber‹ geht aber auch nicht. Dazu ist zu viel passiert, dazu haben wir zu lange damit gewartet, wirklich klar Schiff zu machen.

Manchmal fragen mich Freundinnen noch nach ihr, und wenn ich dann erzähle, dass wir uns nicht mehr sehen, fühlt es sich an, als wäre mir ein enges Familienmitglied abhandengekommen. Als hätte ich meine emotionale Altersvorsorge vorzeitig gekündigt. Ich habe mich ja nicht nur von Gudrun verabschiedet, sondern auch ein bisschen von diesem so tröstlichen Gedanken, es könne Beziehungen geben, die über allem stehen. Auch über dem, was das Leben aus uns und mit uns macht. Über Arbeitslosigkeit ebenso wie über schweren Krankheiten, darüber, ob sich eine nur noch für ihre Optik interessiert oder AfD-Mitglied wird. Aber so läuft das leider nicht. Wie bei allem hat das Leben auch in Freundschaften ein gehöriges Wörtchen mitzureden.

Lebensumwege und Mutti-Sackgassen

Wenn wir unsere Freundschaften im Sandkasten, in der Schule, an der Uni oder in der Ausbildung beginnen, haben wir die gleichen Ausgangsbedingungen, den gleichen Horizont, ähnliche Ziele, ähnliche Lebenserfahrung. Das ändert sich aber schnell, sobald wir weitergehen. Unsere Interessen werden spezieller, jeder füllt etwas anderes aus. Wer sich von nun an in den Job hängt und ganz nach oben will, macht nicht mehr monatelange Fernreisen. Wer bis in die Nacht im Büro und in Meetings an der Karriere bastelt, schafft es nicht auch noch zum Sport. Wer sich vorwiegend um seinen Körper kümmert oder am liebsten um die Häuser zieht, wird kaum noch zum Lesen oder ins Theater kommen. Wer sich bei den Christdemokraten engagiert, wird vermutlich nicht für ein Grundeinkommen für alle kämpfen. Nun suchen wir uns Menschen, die das teilen, was uns beschäftigt, uns ausmacht und uns in dem bestätigt, was uns wichtig ist. Vielleicht brauchen wir jemanden, der uns pusht, der uns bestätigt, dass wir es drauf-haben, erfolgreich zu sein. Oder wir suchen einen Menschen, der uns ermuntert, das Studienfach zu wechseln oder alles für eine Weltreise stehen und liegen zu lassen. Wir wollen nicht allein sein mit dem, was wir tun und uns wünschen. Umso mehr, je gravierender es ist, was wir planen. Zu den sicher wichtigsten Entscheidungen in der Kategorie Lebenswandel gehört dabei die Mutterschaft. Das ohnehin größte Ereignis in einem Frauenleben. Eines, das alles auf den Kopf stellt. Auch dann, wenn man gar keine Kinder hat.

Einmal – ich war damals seit zwei Jahren Single – rief mich Mona, eine enge Freundin aus Schulzeiten, an, um mir zu erzählen, dass sie schwanger ist. »Wäre doch toll, wenn wir beide Kinder bekommen würden!«, sagte sie total euphorisch am Telefon. »Aber ich habe ja nicht mal einen Mann!«, antwor-tete ich ziemlich perplex über so viel Realitätsverleugnung. Aber klar, wie alles, wollte sie auch die Schwangerschaft gern mit jemandem teilen, der ihr nahesteht. Eigentlich eine Lie-beserklärung und vielleicht auch Ausdruck für die Sorge, dass man sich auseinanderleben könnte, wenn sich die Prioritäten verschieben.

Tatsächlich ist gerade Mutterschaft – das weiß ich aus Erfahrung – ein ziemlich großer Spaltpilz in Beziehungen. Manche Freundin verschwand so gleich für mehrere Jahre im Bermudadreieck von Reihenhaussiedlung, Stillgruppe, Pekip-Kurs und Elternbeirat. Andere habe ich irgendwann kaum mehr kontaktiert, weil ich gelegentlich gern auch noch über etwas anderes spreche als über die Erfolge meiner Kinder beim Herbstlaubsammeln für das Jahreszeitenalbum der drit-ten Klasse. Ich wollte mir auch nicht mehr anhören, dass an-dere Kinder schon binomische Formeln lösen, während mein Sohn noch nicht mal daran dachte, laufen zu lernen, und mich nicht vor Supermuttis dafür rechtfertigen, wenn meine Kekse für das Sommerfest des Kindergartens aus dem Supermarkt kamen und nicht aus dem Rezeptbuch meiner Oma. Und ich hatte nicht ekstatisch »Hurra! Wann kann ich anfangen?!« gerufen, als beim Elternabend vorgeschlagen wurde, das Klassenzimmer eben selbst zu streichen, weil kein Geld für eine Malerfirma da war. Ich hatte gesagt: »Ich denke ja gar nicht dran. Am Wochenende habe ich frei, und außerdem: Wofür zahle ich eigentlich all die Steuern!« So etwas schränkt den Zugang zum Herzen anderer Müttern schon mal ziemlich ein.

Von Freundinnen weiß ich, dass Mutterschaft auch und gerade dann kein Zuckerschlecken ist, wenn man gar keine Kinder hat. Corinna etwa erzählt, dass sie sich zeitweise fühlte, »als würde ich jahrelang an einer Bar mit einem Gin Tonic auf eine alte Freundin warten. Aber die kommt nicht. Stattdessen bombardiert mich jemand, der Gisela – dem Feiertier – nur noch äußerlich ähnelt, mit Fotos von Kleinkindern in allen Lebenslagen. Und nicht nur das. Auch die neue Wickelkommode, das neue Plüschtier und praktisch jeder Laut, den Mia von sich gibt, wurde an mich gesendet.« Besonders nervig, sagt sie, sei gewesen, »dass ich nicht mal mehr ein winziges bisschen über meinen Job jammern durfte, weil ja offenbar nichts an den Megastress heranreicht, dem man mit ein oder zwei Kindern ausgesetzt ist. Und dann immer das ›du weißt ja gar nicht, wie gut du es hast!‹, als hätte man Gisela dazu gezwungen, Kinder zu bekommen. Als würde sie da für die Gesellschaft unfassliches Leid auf sich nehmen.« Irgendwann, so sagt Corinna, habe sie sich einen zweiten Gin Tonic eingegossen und sich ein Herz genommen: »Ich habe Gisela einfach mal erzählt, wie es mir geht. Wie sehr ich mich für sie freue und wie toll ihre Süße ist – was wirklich stimmt. Aber dass ich es nur fair fände, wenn auch meine Themen einmal wieder aus der letzten Reihe ganz nach vorne kommen dürften. Und dann habe ich sie noch gebeten – nie, nie wieder zu sagen – ›das verstehst du nicht, weil du keine Kinder hast!«. Das hat sich nämlich für mich immer angefühlt, als hätte mir Gisela die Tür zu ihrem Herzen vor der Nase zugeschlagen. Es hat gutgetan, das mal auszusprechen.«

Gleich und gleich ...

Ja, zwischendurch ist es für alle mal schwer, gravierende Lebensereignisse in eine Freundschaft einzubringen. Festzustellen, wie unterschiedlich Interessen plötzlich werden und wie viel leichter es ist, sich neue Freundinnen dort zu suchen, wo man sich verstanden fühlt und nicht zwei vollkommen unterschiedliche Alltage abgeglichen werden müssen. Eine andere Mutter versteht gleich, wenn man sagt: »Heute geht's leider doch nicht. Emma hat gestern schlecht geträumt. Ich will dabei sein, wenn sie einschläft.« Und klar, freundet man sich irgendwann an, wenn man sich dauernd vor dem Schultor begegnet, beim Elternabend und bei Kindergeburtstagen noch einen Wein trinkt, bevor man das ordnungsgemäß mit Dinkelmuffins und Sojabananenshake gesättigte Kind mit nach Hause nimmt. Logisch, dass allein aus zeitlichen Gründen die ein oder andere kinderlose Freundin erst einmal an den Rand gedrängt wird. Meine Erfahrung ist aber auch, dass sich mit den Jahren selbst die höchsten Muttiwogen irgendwann glätten. Wenigstens ein paar Freundschaften erwachen spätestens dann aus dem Winterschlaf, wenn die Kinder selbständig Verabredungen treffen können. Der Psychologe Wolfgang Krüger, der sich intensiv mit dem Thema Freundschaften befasst hat, schätzt, dass etwa 50 Prozent Lebensveränderungen wie Kind, aber auch Karriereaufstieg überleben.

Auch mit Mona, die so gern unsere Schwangerschaften synchronisiert hätte, treffe ich mich nach einer längeren Unterbrechung, in der sie zwei Kinder bekommen und sich von einem Mann getrennt hat, wieder. Es fühlt sich gar nicht an, als wären ein paar Jahre vergangen, in denen wir uns nur noch bei Geburtstagen gesehen haben. Ja, immerhin hatten wir uns Jahr für Jahr gegenseitig eingeladen. Das ist ja das Tolle, wenn man sich sehr, sehr, sehr lange kennt. Selbst die großen Lebenspausen erscheinen am Ende ziemlich kurz.

Nicht mehr zusammengekommen bin ich mit Frauen, die auch aus der Mutterschaft einen beinharten Wettbewerb gemacht haben, bei dem sie gleich von Anfang an stets auf der Gewinnerseite waren, indem sie andere zu Verliererinnen erklärt haben. Ich habe nichts gegen Ehrgeiz. Im Gegenteil. Ich will, was ich tue, natürlich auch möglichst gut machen. Ich finde nur Frauen schwierig, die einerseits jedwede Ambition negieren, die Sätze sagen wie »ich bekomme doch keine Kinder, um sie dann für eine Karriere wegzuorganisieren« und dann aber im Streben nach dem besten Apfelkuchen, den begabtesten Kindern, der saubersten Küche, dem günstigsten Schnäppchen im Sommerschlussverkauf so viel Gnadenlosigkeit an den Tag legen, als wären sie im Vorstand eines DAX-Unternehmens. So wie eine Bekannte, die einmal sagte: »Wenn ich meine Carla von der Grundschule abhole, sehe ich den anderen Kindern schon an, welche Mütter Vollzeit arbeiten. Die wirken so nervös und immer auch ein wenig verwahrlost. Vor kurzem war ein Mädchen sogar in der Pyjamahose im Unterricht. Also, das gäbe es bei mir nicht.« Ich erinnerte mich daran, dass ich selbst mal in der Grundschule eine Freundin hatte, deren Mutter immer, immer, immer daheim war. Und wie bedrückend ich es fand, in dieser so stillen Wohnung zu sein, mit einer Frau, die alle fünf Minuten ins Kinderzimmer kam, um zu schauen, ob ich ihren Augenstern Petra oder etwas anderes kaputt oder schmutzig gemacht habe. Sie hat mich stets ein wenig erleichtert verabschiedet, als wäre sie froh, dass ich auch diesmal nicht das Haus in Schutt und Asche gelegt oder ihr Herzchen dazu verführt hatte. Ich konnte nicht anders, ich sagte zur Mutter von Carla: »Wir waren drei Kinder, und meine Mutter war immer berufstätig. Selbst, als wir noch ganz klein waren. Ich finde, ich habe ein schönes Leben und hatte eine großartige Kindheit. Und übrigens, so toll scheint dein Lebensmodell ja nicht zu sein, wenn du es nötig hast, es damit aufzuwerten, andere schlechtzumachen.« Was soll ich sagen? Carlas Mutter und ich werden wohl keine Freundinnen mehr werden.

Die nicht so kleinen Unterschiede

Der Freundinnengiftschrank ist – leider – gut gefüllt. Manches wirkt sofort tödlich. Was eigentlich ganz praktisch ist. So hatte ich nur mal ganz kurz in Erwägung gezogen, mich mit Theresa anzufreunden. Sie sah unglaublich gut aus. War wahnsinnig schlank und eigentlich ziemlich lustig. Bloß meinte sie es vollkommen ernst, wenn sie bei jedem Treffen erst einmal sagte: »Also, ich würde dir ja gern etwas von meinen Brüsten abgeben, wenn ich dafür etwas von deinem Po bekäme!« Sie fand mich also flachbrüstig und meinen Hintern zu dick. Das ist an sich kein Problem. Zumindest wenn sie sich noch für andere Dinge interessiert hätte als für sich. Wir nannten sie bald nur noch »die Nase«, weil sie jedem – der es nicht wissen wollte – sofort erzählte, dass die viel zu groß sei.

Etwas länger brauchte Barbara, um aus dem Rennen zu sein. So etwa drei, vier Männer. Wie sich zeigte, war ich jedes Mal komplett abgeschrieben, sobald sie einen neuen Kerl hatte. Und nicht nur dann. Immer wenn wir gemeinsam aus waren, erlebte ich eine erstaunliche Verwandlung, sobald sich eine – wie sie es nannte – »Sahneschnitte« näherte: Die Stimmlage schraubte sich in schwindelerregende Kiekshöhen, sie kicherte über nichts und wirkte überhaupt, als müsste man ihr dringend ein Gripsspendenkonto einrichten. Klar, sie meldete sich regelmäßig. Also immer, wenn wieder eine Liebe in die Brüche ging. Aber bald zeigte sich wieder, wie viel wichtiger Barbara die Männer nahm. Und mein Freundinnenleben dauerhaft als zweite Wahl zu fristen ist mir leider nicht gegeben. (Zumal in Konkurrenz zu Kerlen, die es nicht mal schaffen, länger als eine Heizperiode bei einer Frau zu bleiben.)

Mit Marion war ich dann erst mal ziemlich glücklich. Mit ihr konnte man ganze Nächte durchfeiern und sie dafür bewundern, wie sie einen megagroßen Freundeskreis, eine Anwaltskanzlei und überhaupt einen prallvollen Alltag managte. Dann trat Bernd in ihr Leben und öffnete ein paar politisch sehr zweifelhafte Schleusen, die Marion bis dahin offenbar gut unter Verschluss gehalten hatte. Jetzt machte sich Marion – souffliert von Bernd – plötzlich große Sorgen, dass »das Deutsche überfremdet« würde. Sie behauptete, man könne sich in Marburg, wo sie lebt, nicht mehr sicher fühlen, weil Flüchtlinge, sobald sie sich »Asyl erschlichen« hätten, sofort eine steile kriminelle Karriere anstreben. Dass man »denen alles vorne und hinten reinschiebt« und »bei fünf Grad noch niemand erfroren ist«, so ihr mitleidsloser Kommentar zu den katastrophalen Zuständen auf der Balkanroute. Dazu breitete sie das ganze trostlose Panorama rechter Verschwörungstheoretiker aus und berichtete etwa, wie irgendwo in Deutschland zwei Sicherheitsleute, die eine Flüchtlingsunterkunft bewacht hatten, »regelrecht hingerichtet« im Wald gefunden worden seien. Auf meinen Hinweis, dass davon nichts in den Nachrichten zu sehen, zu hören oder zu lesen gewesen wäre, antwortete sie ganz richtig, »es kommt eben immer drauf an, welche Medien man nutzt, um sich zu informieren«. Kurz, unsere Freundschaft kühlte zügig ab und bewies, dass man durchaus auch bei fünf Grad sterben kann. Pointe der Geschichte: Bernd hatte sich fortwährend zur Vorfinanzierung »wichtiger Immobiliengeschäfte« Geld von Marion »geliehen«, hat gratis in ihrer sehr teuren Altbauwohnung gelebt, kaum jemals eingekauft oder im Restaurant bezahlt und sie dann verlassen, um zu seiner Ehefrau zurückzukehren. Marions Verlust bezifferte sich letztlich auf 150 000 Euro. Das muss »der Flüchtling« erst mal schaffen, die »deutsche Frau« so auszunehmen!

Der Freundinnenantikörper

Ja, es gibt einiges, das nicht geht. Verrat etwa. Also auszuplaudern, was man der anderen im Glauben anvertraut hat, die Info wäre bei ihr sicher. Oder eine andere hängenzulassen. Möglichst noch wegen Nichtigkeiten. Zu ihr zu sagen: »Du, tut mir echt leid, ich kann dich doch nicht zur Chemo begleiten. Das würde mich echt zu sehr runterziehen.« (Ja, das gibt es!) Oder sollte eine Freundin mal wieder Liebeskummer haben: »Mit Trauerklößen kann ich gar nicht!« Wobei ich da einschränken muss, dass es einen auf Dauer echt fertigmachen kann, wenn jemand bloß jammert, immer nur das Negative sieht und ausschließlich destruktiv ist. Das ist nicht gerade mein Fall. Andere können damit vielleicht besser, weil ihr Florence-Nightingale-Gen ausgeprägter ist und sie viel Stärke daraus ziehen, sich um andere mehr kümmern zu können als die sich um sie. Freundinnenverträglichkeiten ebenso wie -unverträglichkeiten ergeben sich oft auch einfach daraus, welches Defizit wir – unbewusst – mit unseren Beziehungen ausgleichen wollen oder eben nicht. Ich zum Beispiel habe offenbar starke Antikörper gegen Frauen, die in einem früheren Leben mal Diktator gewesen sein müssen (vermutlich, weil ich selbst eine Neigung zum Herrischen habe). Gaby dagegen gerät immer wieder an Frauen, die ihr gern mal sagen, wo es im Leben langgeht. Vielleicht hat es etwas damit zu tun, dass ihre Mutter sehr früh gestorben ist. Jedenfalls hat sie auffällig oft Beziehungen zu Älteren mit einem Drang zur Dominanz. »Ich genieße es durchaus, wenn man mir Ratschläge gibt, mich ein wenig an die Hand nimmt und mir mal eine Pause vom Erwachsensein gönnt.« Bloß dass der Kurzurlaub von der Verantwortung meist schnell zum Dauerzustand wird. Bei ihrer letzten Interimsbesten Sandra war es besonders schlimm. Weil diese auch noch Psychotherapeutin ist und sogar Gabys Widerstand, ihr das Lenken komplett zu überlassen, fachgerecht als Zeichen einer ›unreifen Persönlichkeit‹ interpretierte. »Egal, was ich tat, alles wurde sofort analysiert. Zu meinen Ungunsten, versteht sich.« Bis sich Gaby einfach nicht mehr meldete. Nicht die feine Art. »Aber ich wusste mir einfach nicht mehr anders zu helfen.«

Freundinnenwahl ist manchmal eben auch eine Problemwahl. Für manche ist es vielleicht erst mal ein Ansporn, Freundinnen zu haben, die sie für selbstbewusster, strahlender, klüger halten als sich selbst. So wie die berühmte Karotte vor der Nase des Esels, die dafür sorgen soll, dass er immer noch weiter geht. An sich eine gute Idee. Wenn man es denn auf Dauer aushält, immer im Schatten zu stehen. Eine andere fand es zunächst inspirierend, eine Freundin mit Grundsätzen zu haben. Eine, die stets propagierte, dass Geld und noch mehr Geld haben zu wollen böse ist. Dass man aus den Karriere- und Konsumhamsterrädern aussteigen müsse. Und dass Arbeiten nur so lange gut ist, bis man genug hat, um sich damit das Nötigste zu finanzieren. Eine sehr ehrenhafte, aber auch ziemlich spaßbefreite Haltung, die kaum Platz für alternative Lebensformen lässt. Solche mit Pauschalreisen, Restaurantbesuchen und Einkaufsbummel am Samstag. Ich versuche auch, mein Geld möglichst nicht mit vollen Händen aus dem Fenster zu werfen. Aber bevor ich mich noch mal an einen von diesen zweifelhaften Billigstimbissständen in Prag, Budapest oder Berlin stelle, die Irmgard bevorzugte, um dem »Konsumwahnsinn« die Stirn zu bieten, mache ich mir lieber eine Dose Ravioli auf. Und dann ist es natürlich auch nicht ganz einfach, mit einem Versorgungsfall befreundet zu sein, der eigentlich gar keiner ist. Wenn also in Freundschaften eine glaubt, das Schicksal schulde ihr noch was und Freundinnen seien dazu gemacht, für den moralischen Lastenausgleich zu sorgen.

Lastenausgleich

So hält es Silvia. Sie ist Single, hat keine Familie und gibt uns Freundinnen, die wir liiert sind und noch einige Angehörige haben, immer das Gefühl, sie sei deshalb das ärmste Hasi von allen. Egal, was anderen im Leben widerfährt. Nichts wiegt schwerer als das Päckchen, das Silvia zu tragen hat. Als kürzlich eine Freundin ihren Job verlor und die Miete nicht mehr zahlen konnte, sagte sie zwar, wie leid ihr das tue. Aber auch, dass sie längst nicht genug hat, um ihrer Freundin selbst wenigstens kurzfristig unter die Arme zu greifen. Sie verdient überhaupt viel weniger als wir alle. Diesen Eindruck vermittelt sie jedenfalls schon seit Jahren höchst erfolgreich. Gern lässt sie sich von vermeintlich wohlhabenderen Freundinnen einladen und reklamiert überhaupt einen erhöhten Betreuungsbedarf. Vor einem Jahr war sie im Krankenhaus, weil ihr die Gebärmutter entfernt werden musste. Kaum hatte sie nach der Narkose die Augen geöffnet, verteilte sie großzügig Aufträge, wie Wäsche aus der Reinigung holen und die halbe Stadt nach einer bestimmten Flüssigseife absuchen, ohne die es anscheinend nicht geht. Drei Freundinnen waren ziemlich beschäftigt mit der Intensivversorgung, die sich noch fortsetzte, als Silvia längst wieder zu Hause war – aber eben noch rekonvaleszent. Als nun Michaela, eine der willigen Zulieferinnen, wegen einer Schilddrüsen-OP in der Klinik war, hat Silvia sehr an sie gedacht. Öfter fiel der Satz »ich mache mir wirklich Sorgen«. Aber sie besuchen? »Neeeein! Sie will das ja vielleicht gar nicht. Außerdem habe ich kein Auto, und sie hat ja ihre Tochter. Die ist sicher oft da.«

Natürlich stellt sich an dieser Stelle die Frage, ob man bei so einem Ungleichgewicht überhaupt noch von Freundschaft sprechen kann. Tatsächlich würde ich Silvia keinesfalls anrufen, wenn ich ein Problem hätte, und sollte ich jemals jemanden brauchen, der mir etwa Lebensmittel an die Tür stellt oder eine Suppe kocht oder auch nur die Post aus dem Briefkasten holt, würden mir vorher mindestens 20 andere einfallen – inklusive professioneller Dienstleister –, die ich damit beauftragen würde. Das ist die eine Seite. Die andere aber ist, dass Silvia uns tatsächlich als ihre Familie ansieht. Das tut sie zwar aus der Perspektive eines ziemlich verzogenen Kindes, aber gerade das hat etwas Entwaffnendes. Ebenso wie diese so hundertprozentige Überzeugung, dass wir uns schon um sie kümmern, die man nicht so einfach enttäuschen mag. Ab und zu versuche ich, den Silvia-Kosmos etwas geradezurücken. So wie letzte Woche, als sie erzählte, sie könne unmöglich eine Freundin besuchen, die sie zu ihrem runden Geburtstag eingeladen hatte. »Da bin ich ja ewig unterwegs!« Mein Einwand, dass die andere ja umgekehrt auch regelmäßig vom Vorort in die Stadt anreise, um sich mit ihr zu treffen, wurde nonchalant mit »ihr macht es ja auch weniger aus als mir, nachts noch mit Öffentlichen unterwegs zu sein« vom Tisch gewischt. Ich bin schon gelegentlich mit dem festen Vorsatz zu unseren Treffen gegangen, ihr die Freundschaft zu kündigen. Aber dann hatte sie mir einen Zeitungsartikel mitgebracht, der mich interessieren könnte, oder ein Buch, das sie ausgelesen hatte und mir wärmstens ans Herz legt. Ich dachte: Wenn wir schon unsere Freundschaften als unsere selbstgewählte Familie betrachten, ist es dann nicht nur konsequent, immer auch solche darunter zu haben, die man sich wie Schwestern oder Brüder oder Mütter und Väter vielleicht nicht selbst ausgesucht hätte? Die ziemlich nerven können, egoman sind, bisweilen ungerecht, eigenbrötlerisch – und trotzdem hat man sie irgendwie lieb. Sie gehören dazu. Und hat nicht jede von uns eine Silvia in ihrem näheren Umfeld? Eine, die man netterweise irgendwie immer mitschleppt? Weil die Gruppe es trägt? Auch aus dem an sich schönen Gedanken heraus, dass Freundschaft ja kein Wettbewerb von sozialen Highperformern sein sollte? Aber ebenso, weil man ja gern an ein unsichtbares Netz glaubt, das uns alle irgendwie hält, ohne dass man es sich ›verdient‹ haben muss? Vermutlich bin ich aber auch nur feige oder habe Schiss, mir mein Freundschaftskarma zu versauen und als Flechte wiedergeboren zu werden. Ein wenig fürchte ich auch, was meiner Kollegin Patricia passierte: »Ich habe eine Grundschulfreundin, Carola, die mich regelmäßig alle paar Wochen anruft und mich fragt, wann wir uns mal wieder treffen können. Ich habe bloß das Problem, dass ich sie wahnsinnig nervig finde. Sie spricht ausschließlich über ihren Hund Sissi. Was Sissi wieder Tolles gemacht hat, welches Mäntelchen es zur aktuellen Saison gab, was Sissi nicht verträgt, weil sie so einen empfindlichen Magen hat.« Obwohl die Liebe zwischen Patricia und Carola sehr einseitig ist, hat sich Patricia immer mal wieder mit Carola getroffen. »Wenn ich dreimal sage, ich habe keine Zeit, wird es ab dem vierten Mal schon sehr unhöflich, und Carola zu sagen, dass ich eigentlich keine Lust habe, sie zu treffen, bringe ich einfach nicht übers Herz.« Carola hat es trotzdem erfahren. »Ich hatte gerade mit Carola per WhatsApp telefoniert und wollte meiner besten Freundin erzählen, dass der Betreuungsfall sich wieder gemeldet hat und ich überhaupt keine Lust habe, weitere Geschichten von der bescheuerten Töle zu hören. Leider bin ich bei WhatsApp in die falsche Zeile gerutscht, und das alles ist direkt bei Carola gelandet.« Mit an sich erfreulichen Folgen. Carola meldete sich nämlich nicht mehr. Blockte den WhatsApp-Account und entfreundete sich bei Facebook. Das konnte Patricia dann aber auch nicht auf sich sitzen lassen. »Ich habe mich so wahnsinnig mies gefühlt, mich in einem Brief tausendmal entschuldigt und ihr einen riesigen Blumenstrauß geschickt. Sie hat sich dann wirklich dazu herabgelassen, mir zu verzeihen.« Nun geht die Patricia-Carola-Sissi-Geschichte weiter. Ich glaube, so würde es mir auch mit Silvia gehen. Irgendwie ist meine Welt kompletter mit ihr. Vielleicht gehört sie nicht aufs Freundinnensiegertreppchen. Aber ganz sicher in mein Leben.

Schlussmachen für Anfänger

Mal ehrlich: Wer von uns würde nicht lieber beim Zahnarzt eine Wurzelresektion über sich ergehen lassen, als mit einer Freundin richtig offiziell Schluss zu machen. Ihr ins Gesicht zu sagen: »Ich möchte nicht mehr deine Freundin sein!« Das gilt als maximale Grausamkeit. Fast schlimmer, als seinen Mann zu verlassen. Schon weil man einer Freundin ja schlecht anbieten kann, wenigstens ›Freunde‹ zu bleiben. Ich habe mal wenigstens ein bisschen fast öffentlich mit einer Freundin Schluss gemacht und kann aus Erfahrung sagen: Es ist tatsächlich schrecklich. Natürlich in erster Linie, weil die wenigsten von uns Freude daran haben, böse zu sein. Aber auch, weil das Umfeld so schockiert reagiert, wenn man sich von einer Freundin trennt, als hätte man seinen Hundewelpen an einer Raststätte ausgesetzt. Ich weiß, wovon ich rede. Ich habe einmal vor sieben anderen Freundinnen und meiner Freundin

Miriam erklärt, dass ich leider nicht mit ihr zusammenziehen kann. Miriam war politisch sehr engagiert, sehr laut, sehr redselig, sehr beliebt und auch sehr bossy. Ich fürchtete mich davor, dass eine 24-Stunden-Dosis Miriam anstrengend werden könnte. Gut, man muss auch sagen, dass es keine gute Idee war, es ihr nicht unter vier Augen zu sagen. Aber als das Thema Wohngemeinschaft auf den Tisch kam, konnte ich nicht länger warten und erklärte der entsetzten Runde, dass ich auf keinen Fall mit Miriam zusammenleben könne. Alle sahen mich an, als hätte ich ihnen angeboten, einen Säugling zu braten und ihn mit Klößen und Rotkohl zu servieren. Sie waren fast aufgebrachter als Miriam selbst. Und ich habe ehrlich ein paar Monate gebraucht, um in dieser Clique vom Status des Kameradenschweins herunterzukommen und wieder gleichwertig in die Gemeinschaft aufgenommen zu werden.

Seitdem lasse ich es ruhiger angehen und Freundschaften auch einfach mal langsam verhungern: weniger Anrufe, weniger Treffen, weniger Interesse. Natürlich ist es manchmal schwer, da eine Trennschärfe auch zu jenen Freundinnen beizubehalten, die ich wirklich liebe, aber eben auch selten sehe. Jedenfalls nach außen hin. In meinem Gefühlshaushalt dagegen weiß ich sehr wohl, wer wo steht. Andere haben da weniger Probleme. Alfred Hitchcock soll sich stets mit einem knallharten Cut verabschiedet haben, wenn ihm ein Freund nicht mehr passte. Und auch Doris hat mit beinharter Konsequenz Schluss gemacht. Sie hat eine Freundin nach der anderen ›abgestellt‹, ohne Erklärung, ohne Vorwarnung, jedwede Brücken einfach abgebrochen. ›Ghosting‹ nennt man das im Dating-Kosmos, wenn Männer einfach verschwinden. Ja, Frauen können das auch. Vielleicht ist es tatsächlich noch gnädiger, als sich wie Nietzsche über seinen Exfreund Wagner ganz offen despektierlich zu äußern – »Ist Wagner überhaupt ein Mensch? Ist er nicht eher eine Krankheit?« – oder den

Bruch gleich weltweit öffentlich zu machen. So wie John Lennon mit seinem Song »How Do You Sleep« die Trennung von Paul McCartney. Gefallen hat mir, wie André Gide und Pierre Louÿs das Schlussmachen handhaben. Die beiden Freunde gerieten beim Spazierengehen so aneinander, dass sie an einer Kreuzung einfach in verschiedene Richtungen weitergingen. Danach sahen sie sich nie mehr wieder. Zu empfehlen wäre sicher auch, wie der französische Regisseur Eric Rohmer vorging, und zwar im wahrsten Sinne des Wortes. »Weil er seinem ältesten Freund mitteilen wollte, dass er sich endgültig von dessen Einfluss befreit hatte, legte er den langen Weg in die Pariser Banlieue, wo der Freund wohnte, zu Fuß zurück. Seinen Besuch hatte er zwar angekündigt, jedoch ohne ein Datum oder einen Anlass zu nennen«, schreibt Matthias Debureaux in seinem Buch *Die hohe Kunst, eine Freundschaft zu beenden* und rät dazu, im Zweifel, ob eine Freundschaft noch eine Freundschaft ist, erst mal eine ganze Region zu Fuß zu durchqueren. »Sie werden entspannt und mit kühlem Kopf ankommen – was beweist, dass Sie sich die Sache reiflich überlegt haben.« Ich bin auch ein Fan von Ciceros Rat, der meinte, dass eine Freundschaft »eher allmählich erlöschen als jäh ersticken sollte«. Deshalb würde ich auch von ostentativen Maßnahmen absehen, wie eine Freundin auf Instagram zu ›entfolgen‹ oder auf Facebook zu ›entfreunden‹. Das wirkt wenig souverän und schließt unnötig Türen, durch die man vielleicht später noch einmal gehen möchte. Außer man ist sich wirklich sicher und will jemandem nicht mal mehr im sprichwörtlichen Mondschein begegnen.

So ging es mir genau zwei Mal. Womit man sich dafür qualifiziert? Einmal mit offensiver Mitleidlosigkeit Schwächeren gegenüber. Mit harschen Sätzen über Menschen, die aus Kriegsgebieten zu uns fliehen (»Die nehmen uns alles weg«). Der Satz kam ausgerechnet von einer Freundin, die sich wochenlang krankschreiben ließ, um Leistungen zu beziehen, die ihr – da pumperlgesund – gar nicht zustanden. Ich finde, wer in so einem XXL-Glashaus sitzt, sollte sich selbst mit den ganz kleinen Kieselsteinen zurückhalten. Die andere hatte munter Geheimnisse nach dem Gießkannenprinzip ausgeplaudert – und sie sogar noch etwas ausgeschmückt. Für mich ein No-Go. Andere sehen das anders. Hanni zum Beispiel fand mich »zu hart!«. Aber Hanni entschuldigt sich auch bei anderen dafür, wenn die ihr auf den Fuß getreten sind. So hat eben jede ihre Frustrationstoleranz. Und auch wenn wir es gern anders sehen: Nicht alle der vermeintlich tödlichen Substanzen im Freundinnengiftschrank sind für alle Freundschaften auch tatsächlich gefährlich.

»Jede Jeck is anders«

... sagt man in Köln. Und das meint auch: Jede von uns hat so ihre eigenen Vorstellungen, was in Freundschaften geht und was nicht. Man braucht sich ja nur mal umzuschauen und zu beobachten, was andere Frauen in ihren romantischen Beziehungen entweder unerträglich und indiskutabel finden und was sie ihren Partnern locker durchgehen lassen. Allein dabei offenbaren sich schon tausend verschiedene Frustrationstoleranzen. Eine Freundin ist mit einem Mann sehr glücklich, der gern auch mal verlauten lässt, dass Frauen an den Herd gehören. Eine andere akzeptiert, dass ihr Freund noch eine Geliebte neben ihr hat. Er hat ihr gleich zu Anfang gesagt, er sei eben ›polyamor‹, fände Besitzansprüche ›spießig‹ und wenn sie mit ihm zusammen sein wolle, müsse sie das akzeptieren. Ich hätte an dieser Stelle ›nein danke!‹ gesagt.

Aber natürlich gibt es durchaus allgemeingültige *Don'ts*. Kröten, die so riesig sind, dass man sie auf keinen Fall herunterbekommt. Eigenschaften oder Handlungen, die in Freundschaften so wenig zu suchen haben wie ein Krokodil in einem Goldfischglas. Verrat zum Beispiel wäre sicher so ein kleinster gemeinsamer Nenner, auf den sich alle als No-Go würden einigen können. Oder Missgunst. Oder wenn eine die andere immer nur runtermacht und ihr all ihre Pläne schlechtredet: »Diät? Schaffst du eh nicht!« Oder immer nur von sich erzählt, niemals fragt, sich nichts merkt und immer keine Zeit hat, wenn man mal jemand braucht, der beim Umzug hilft oder bei dem man sich ausheulen kann. Es gibt auch Frauen, die immer sofort eine Arena eröffnen, in der man dann gegen sie antreten soll. Die einem einen Wettkampf und eine Konkurrenz aufnötigen, die man weder will noch sich ausgesucht hat. Sei es darum, wer die Begehrteste ist – »Heute haben mir auf dem Weg hierher wieder gleich drei Männer ihre Telefonnummer geben wollen!« – oder die Erfolgreichste – »Mein Chef kann nicht mehr ohne mich. Du weißt ja gar nicht, wie es ist, so viel Verantwortung zu haben!« Denen man nichts erzählen kann, weil sie sofort in allem schon immer besser waren. »Echt, du schreibst für das Lokalblättchen. Ich habe ja vor Jahren schon mal einen Text in der Brigitte veröffentlicht!«

In Freundschaften sollte man vor allem gönnen können, sich wertgeschätzt und nicht dauernd be- und verurteilt wie vor der DSDS-Jury fühlen.

Schwierig ist auch Humorlosigkeit. Nicht, dass Frauen – wie von Männern gern unterstellt – nicht lustig wären. Sie sind es genauso oft wie Männer. Eigentlich brauchen wir schon wegen der Männer sogar mehr Humor. Aber Humor ist eben auch Geschmackssache, und es zerrt schon sehr an den Nerven, wenn eine da ganz anders tickt als die andere. Ich jedenfalls habe schon sehr zähe Beziehungen zu Frauen gehabt, die zwar wirklich sehr, sehr nett waren, aber leider auch sofort eingeschnappt, wenn man mal einen kleinen Scherz gemacht hat.

Interessanterweise scheint es da auch ein Naturgesetz zu geben, nach dem Humorlosigkeit meist im Doppelpack mit einer gewissen Strenge den Schwächen anderer gegenüber ausgeliefert wird. Auch das ist dann eher nicht mein Fall. Die Frustrationstoleranzen sind eben unterschiedlich verteilt. Man findet eigentlich für alles – außer vielleicht bei den ganz dicken Klöpsen – mehr oder weniger gute Entschuldigungen. Und sei es, dass auf der anderen Seite des dicken Minus ein wahnsinnig liebenswertes Plus steht, das alles andere aufwiegt. Das war aber bei Gerit und Alexander beim besten Willen nicht mehr zu finden. Nicht mal mehr Spurenelemente dessen, was uns in den Anfangsjahren unserer Freundschaft so aneinander begeistert hatte, waren noch auf den Versace-Tellern zu entdecken. Ich dachte an den Satz, den man den Dakota-Indianern zuschreibt: »Wenn du entdeckst, dass du ein totes Pferd reitest, steig ab!« Und dass es da auch nicht viel hilft, wenn man sich daran erinnert, wie süß das Pferd als Fohlen war, damit es wiederaufersteht. Funktioniert nicht. Das habe ich mit Gerit und Alexander erlebt. Wir sehen uns nicht mehr, und ich glaube, beide Parteien sind froh darüber. Gerit jedenfalls wirkte sehr glücklich, als ich sie vor einiger Zeit mit einer anderen Frau in der Stadt traf. »Das ist Caroline, meine Freundin!«, stellte sie mir die vor und sagte: »Wir haben uns bei Buchinger kennengelernt. Das war sooooo super! Solltest du auch mal machen. Die 4000 Euro für eine Woche sind wirklich gut investiert!« Für ein totes Pferd sah Gerit wirklich super aus. Aber das sagte ich ihr nicht. Ich gratulierte dem toten Pferd vielmehr zu dieser großartigen Entscheidung, wünschte den beiden noch ganz viel Spaß und war ziemlich froh, dass Gerit jetzt eine sicher sehr viel bessere Freundin als mich gefunden hat.

Stellt sich noch die Frage, wie man so ein Zerwürfnis wieder geradebiegt. Wie man es schafft, eine Freundschaft wiederzubeleben, weil man vielleicht gemerkt hat, dass es ohne sie nicht geht; weil man sie vermisst, die Frau, die man – möglicherweise bloß aus einer üblen Laune heraus – aus seinem Freundinnen-Portfolio gestrichen hat, oder weil man dann doch klug genug war zu kapieren, dass der Fehler doch eher bei einem selbst lag. Ganz einfach: Man wirft sich so tief in den Staub, dass sich schon die Anschaffung eines Schnorchels und einer Taucherbrille lohnen würde.

Fragen
an die Freundschaft

Ich habe den Mann meiner Freundin mit einer anderen gesehen, in einer ziemlich eindeutigen Flirtsituation. Soll ich es ihr sagen oder ihn warnen, das in Zukunft zu lassen?

Also, wir haben eine Verabredung: Auf jeden Fall würden wir uns sagen, wenn so etwas passiert. Was man letztlich mit der Information macht, steht auf einem anderen Blatt.

~

Der Mann meiner besten Freundin hat mich angebaggert. Wie soll ich reagieren?

Deutlich machen: DAS geht gar nicht. Ihm gegenüber. Der Freundin sagen, was sich da abgespielt hat. Mag sein, dass sie es nicht wissen oder auch nicht glauben mag. Aber das ist dann ihre Sache. Das mit dem Mann hinter dem Rücken der Freundin regeln zu wollen könnte außerdem vom Mann als falsches Signal verstanden werden: Vielleicht geht da ja doch was?

~

Ich habe mich in den Mann meiner besten Freundin verliebt. Was soll ich tun? Es ihr sagen?

Die gute Nachricht: Ihre Freundin scheint einen ausgezeichneten Männergeschmack zu haben. Die schlechte: Denken Sie nicht mal in Ihren kühnsten Träumen daran,

Ihrer Freundin den Mann abspenstig machen zu wollen. Überlegen Sie vielmehr, warum es ausgerechnet dieser sein muss.

~

Meine Freundin betrügt ihren Mann, den ich eigentlich mag. Sie erwartet von mir, dass ich ihr für das Treffen mit der Affäre ein Alibi gebe. Ich fühle mich aber nicht wohl dabei ...

Auch das Alibi fällt im Prinzip in den Großraum Freundschaftsdienste. Aber es muss auch klar sein, was Ihre Freundin Ihnen damit aufbürdet. Nämlich Sie Ihrerseits – ungewollt – zu einer Lügnerin zu machen. Mit allen Risiken, die damit verbunden sind. Sollte die Affäre auffliegen, stehen Sie mit im Fokus des Ärgers.

~

Wir wollen es nicht und haben uns lange dagegen gewehrt – aber der Mann meiner Freundin und ich haben uns verliebt. Es ist einfach passiert ...

Tja, was sollen wir da sagen: bravo?! Weiter so?! Wenn Sie Absolution erwarten, dann müssen wir Ihnen mitteilen – die gibt es leider nicht. Klar, kann immer ALLES passieren. Aber wie alles Handeln im Leben hat auch das Konsequenzen. Die werden bitter sein und nicht weniger furchtbar, wenn wir Ihnen hier sagen »ist doch gar nicht so schlimm«.

Kapitel 6

»Spiel nicht mit den Schmuddelkindern, sing nicht ihre Lieder«

»Die prägendsten Begleiter
könnt ihr euch ohnehin nicht aussuchen.«
Sebastian Fitzek

Nur das Beste fürs Kind

Leon ist an sich ein durchaus netter Junge. Hochgewachsen für sein Alter, nur ganz leicht verpickelt, durchschnittlich in der Schule und ein leidlicher Tennisspieler. Das Einzige, was dem 14-Jährigen fehlt, sind angemessene Freunde. Findet jedenfalls seine Mutter Karin. Wenn Karin ein Problem sieht oder glaubt, eines zu sehen, dann wird Karin aktiv. Sie ist eine überaus engagierte Mutter. Sie weiß, was sie will, und auch, was für ihren Leon das Beste wäre. Karin ist eine Mutter, die sich kümmert. Nicht nur, dass Leon genug Vitamine auf dem Teller hat, im Winter eine warme Mütze trägt und den Geburtstag von Oma nicht vergisst. Karin bietet ihrem Sohn das Rundumsorglospaket und fühlt sich für absolut alles verantwortlich. Für sein Referat, sein Schulbrot, seine Hautpflegeprodukte, seine müffelnden Turnschuhe und eben auch für die Wahl seiner Freunde. Karin hat ganz genaue Vorstellungen davon, wer als Freund für ihren Leon in Frage kommt, und vor allem auch sehr genaue Vorstellungen davon, wer nicht. »Nett und freundlich sollte er (also der potenzielle Freund) sein, das, was man im besten Fall wohlerzogen nennt. Klug, gut in der Schule und am besten aus einem ordentlichen Elternhaus.« Hätte man mir genau das gesagt, als ich Teenie war, hätte ich mich im Zweifelsfall direkt übergeben. Wohlerzogen klingt nicht spannend. Das ist eine Tugend, die man mitten in der Pubertät nicht wirklich schätzt. Mit 14 will man all die Aufregung, die man kriegen kann. Leben eben. So wild und frei wie möglich. Wohlerzogen hört sich nach grauenvollster Langeweile an. Wäre ich in Leons Position, wäre meine Gefühlslage eindeutig. Was für eine übergriffige Einmischung! Sollen die Alten sich doch um ihre eigenen Freundschaften kümmern! Wir reden ihnen doch auch nicht rein. Mir gefällt auch nicht jede Freundin meiner Mutter! Freunde sind Privatsache! So weit, so unglaublich verständlich.

Aber ich bin eben nicht mehr 14, sondern selbst Mutter von zwei Kindern, und insofern wäre auch ich nicht gerade verzückt, wenn sie mit den »falschen Freunden« Umgang hätten. Trotzdem: Karins Einmischungsdosis erscheint mir doch sehr groß. Zu groß. Als ich die Geschichte rund um Karin und die gründliche Wahl der Wohlerzogenen einer anderen Freundin erzählte, konnte sie meine latente Überheblichkeit und meinen Spott nicht teilen. »Ich habe auch alles getan, um Einfluss auf die Freundeswahl meiner Kinder zu nehmen«, gesteht sie mir, »und das mal mehr, mal weniger erfolgreich! Macht das nicht jede Mutter?«

Wenn ich ganz, ganz ehrlich mit mir selbst bin, muss ich zugeben, dass auch ich nicht frei von diesem Verhalten bin und vor allem war. Schon bei Säuglingstreffen (eine Art antiquiertes PEKiP) habe ich meine Tochter gerne neben den Sohn einer sympathisch wirkenden Frau gelegt und gehofft, dass sie sich in seine Richtung rollt und nicht etwa gen Timo, den rothaarigen mickrigen Sohn einer ziemlich prolligen Kosmetikerin. Manchmal habe ich sogar ein bisschen nachgeholfen und sie sanft in die »richtige« Richtung gestupst. So habe ich Kontakt zu Annmarie bekommen und nebenbei klammheimlich gedacht, wie herrlich es wäre, wenn die zwei Kleinen sich eines Tages anfreunden würden. Nicht nur weil der kleine Karl Gustav in 20 Jahren wahrscheinlich eine ausnehmend gute Partie sein würde, sondern weil er hübsche, geschmackvolle Babysachen anhatte und auch ein wenig, weil seine Mutter Annmarie (eine studierte Juristin in Elternzeit) ziemlich freundlich war. Mercedes Kombi, schicker dunkelblauer, gediegener Kinderwagen und ein Ehemann, der im Aufsichtsrat einer großen Firma saß. Mehr wusste ich von den beiden nicht. Rückwirkend ziemlich peinlich und oberflächlich. Allein der Gedanke, dass sich zwei knapp drei Monate alte Babys anfreunden! Babys gucken angeblich gerne andere Kinder an, aber das war's dann auch eher schon zum Thema Freundschaft in dem Alter.

In meinem Kopf habe ich schon Bilder der Verlobungsfeier meiner Tochter mit K. G. gesehen. Selbstverständlich in der herrlichen Villa von Karl Gustavs Eltern. Wir würden draußen feiern, in einem parkähnlichen Garten. Mit festlich gedeckten Tischen, Servietten mit Monogramm, und das alles unter einer großen wundervollen Linde. Fast so, als würde man in frühester Kindheit eine gewinnbringende Ehe arrangieren. Indien in Hessen. Ohne Sari, aber mit Einstecktuch. Weder emanzipiert noch irgendwie realistisch. Als wäre schon das Säuglingstreffen eine Art von Casting-Veranstaltung, auf der man gründlich sichtet, wer für das eigene phantastische Kind der passende, sprich adäquate Umgang sein könnte. Ich war damals so unglaublich verzückt von meiner Tochter (Hormone können definitiv einiges bewirken), dass ich auch eine Einheirat ins britische Königshaus für möglich gehalten hätte. Und irgendwie auch für angemessen, bei all ihrer Schönheit und Grazie. Von ihrer Intelligenz, gepaart mit Hochbegabung und dem ganzen Rest, gar nicht zu reden. Und ich habe sogar mal kurz drüber nachgedacht, dass mir wahrscheinlich Harry als Schwiegersohn lieber wäre als William ... Nachdem sich Harry mittlerweile von der gesamten Mischpoke abgewendet hat, wäre ich eher für William, weil man die Kinder im Alter ja auch ab und an mal sehen will. Übrigens: Spätestens mit der Pubertät legt sich diese Hybris das eigene Kind betreffend, und man wird ein wenig realistischer. Aber wie kommt man auf so vermessene Ideen?

Vielleicht, weil in uns allen der Gedanke steckt, dass wir für unsere wunderbaren Kinder nur das Allerbeste wollen und durch unsere Lebenserfahrung auch wissen, was das Beste für sie ist. Wir wollen, dass das Gute in ihnen noch ordentlich durch ihre Freundschaften befeuert wird.

Wenn wir also merken, dass unsere kleine Sophie irgendwie sehr schüchtern und ein bisschen scheu und wortkarg ist, kaum ein »Guten Tag« rausbringt und schon beim Nahkontakt mit der Nachbarin rot anläuft, versuchen wir, sie mit einem geselligen, beliebten Kind zusammenzubringen, und hoffen auf eine Art Ansteckungseffekt. Unserem Nerd, der rund um die Uhr vor dem Computer hockt, würden wir nur zu gern einen besten Freund suchen, der passionierter Sportler und Frischluftfanatiker ist. An der Absicht ist zunächst einmal nichts Verwerfliches. Die ungleichen Freunde könnten sich im Bestfall gegenseitig beflügeln und gemeinsam zu neuen Ufern aufbrechen. Dem jeweils anderen genau das geben, was ihm fehlt. Aber leider funktioniert dieses Modell nicht. Wer gerne rund um die Uhr FIFA an der Playstation spielt, wird nicht auf einmal zur Leseratte mutieren. Warum sollten zwei so grundverschiedene Naturelle Zeit miteinander verbringen? Sie haben keine gemeinsamen Interessen, und das ist nun mal der Grundstock für die meisten Freundschaften. Gleich und gleich gesellt sich gern, hat man früher gesagt, und inzwischen weiß man, dass da einiges dran ist. Es ist einfach weniger stressig, wenn die Unterschiede nicht zu groß sind. Zumal wir uns von anderen in unseren Interessen gern bestätigt sehen.

Auch als meine Kinder älter wurden, habe ich immer mal wieder versucht, Einfluss auf die Wahl ihrer Freunde zu nehmen. Ich werde nie die Urlaube vergessen, in denen ich auf der Suche nach potenziellen Freundinnen für meine Tochter war. Irgendwelche Freundinnen. Ich konnte es einfach nicht aushalten, sie so allein, mit baumelnden Beinen am Beckenrand sitzen zu sehen. Doch auf mein »Such dir doch eine nette Freundin« zuckte sie immer nur mit ihren schmalen Schultern. Ich wusste natürlich, dass sie eher schüchtern ist und dass bevor sie sich doch noch ein Herz fasst, unsere dreiwöchigen Ferien garantiert vorbei wären. Also ist Mutti beherzt auf Freundinnensuche gegangen. Mit Nichtstun tue ich mich (jedenfalls in solchen Fällen) ausgesprochen schwer, und schon deshalb habe ich mich emsig im Pool getummelt, um dann rein zufällig lieb aussehende gleichaltrige Mädchen anzusprechen. Hatte ich eine potenzielle Freundin am Haken, habe ich die beiden dann einander vorgestellt und mich schnellstmöglich verdrückt. Am Gesicht meiner Tochter konnte ich bei jedem Versuch sehen, wie unsagbar peinlich ihr das Ganze war. Aber zumeist hat die wenig subtile Taktik dann doch ziemlich gut funktioniert. Meine Tochter hatte jemanden zum Spielen und war beschäftigt. Im Urlaub war ich auch nicht weiter wählerisch beim Umgang für meine Kinder. Ich wusste ja, dass es sich um einen übersichtlichen Zeitraum handelt. Ich glaube, meiner Tochter ging es ähnlich. Für Kurzzeitfreundschaften gelten andere Regeln. Da geht es um den kleinsten gemeinsamen Nenner. Da genügt es zur Not auch, einfach im ähnlichen Alter zu sein, weil alles besser ist, als rund um die Uhr mit den eigenen Eltern abzuhängen. Besser irgendjemanden zum Spielen als gar keinen. Aber Ferienfreundschaften unterliegen eben besonderen Regeln, die auf das restliche Leben nicht eins zu eins übertragbar sind. In den Ferien ist man gleich. Am selben Strand, in derselben Pension und ohne die heimischen Freunde. Hier kann man sich jenseits der sonstigen Gruppengefüge komplett neu positionieren. Hier weiß ja niemand, dass man ansonsten nicht gerade zur Hipstergruppe gehört. Dass man eigentlich eher unbeliebt ist.

Außenseiter

Natürlich sorgen sich Eltern, wenn ihre Kinder so gar keine Freunde haben. Vor allem weil man ja – auch schon vor der Lektüre dieses Buches – weiß, wie wichtig Freunde sind. Es schmerzt einen, wenn man das Gefühl hat, dass das eigene süße und liebenswerte Kind einfach keinen Anschluss findet. Olivia hat so ein Kind. Ihre Tochter Kira ist eine absolute Einzelgängerin. Nicht wirklich unbeliebt, aber eben auch nicht beliebt. Eine Art menschliche Schweiz. Ein Kind, das immer übersehen wird. Würde die Kripo in der Klasse fragen: »Bitte beschreibt Kira!«, kämen wahrscheinlich kaum Antworten. Weil sie eher unscheinbar ist. Jedenfalls für die Gleichaltrigen. Wenn Geburtstagspartys gefeiert werden, wird Kira fast nie eingeladen. »Die Lucy durfte zehn Kinder einladen, ich wäre das elfte gewesen!«, berichtet Kira zu Hause, und Olivia bricht es bei dieser Aussage fast das Herz. Das Erstaunliche: Kira scheint gar nicht besonders darunter zu leiden. »Lucy kann ja nichts dafür, dass sie nur zehn einladen darf!«, erklärt sie ihrer Mutter. »Hätte sie mehr einladen dürfen, wäre ich ja dabei gewesen!« Olivia dagegen könnte weinen. Was macht das mit einem Kind, wenn es gefühlt immer die Nummer elf auf der Liste ist? Immer die, die knapp an allem vorbeischrappt? Olivia hat eine Weile versucht, Kira zu einem neunjährigen

It-Girl zu machen. Um sie in der Beliebtheitsliste wenigstens die nötigen ein, zwei Plätze nach vorne zu katapultieren. Aber Kira ist eben Kira. Egal, welche Turnschuhe sie trägt. Ihr gehen die Bemühungen ihrer Mutter auf die Nerven. »Lass mich, ich bin zufrieden so.« Sie merkt ja, was ihre Mutter beabsichtigt, und findet das doof. Welches Kind möchte schon von seinen Eltern das Gefühl bekommen, schwer vermittelbar zu sein? Außerdem sind Bedürfnisse unterschiedlich. Das muss man als Mutter akzeptieren. Auch wenn es weh tut.

Sollte das Kind unter seiner Freundeslosigkeit leiden, ist die Lage natürlich eine komplett andere. Dann muss man dem Kind helfen. Bei kleinen Kindern ist das einfach. Da lädt man (wenn möglich einigermaßen) sympathische andere Mütter mit deren Kindern ein und hofft, dass das Experiment und die Zusammenführung klappt. Ist das eigene Kind allerdings aus den Windeln heraus, wird diese Maßnahme ein wenig schwierig. Ab einem gewissen Alter geradezu unmöglich. Allein der Gedanke, dass man dem 15-Jährigen einen Gleichaltrigen zum Spielen einlädt! Das wäre schon fast verhaltensauffällig und würde das eigene Kind für ewige Zeiten als Supersonderling mit wahnsinniger Mutter dastehen lassen. Mit anderen Worten: Einen größeren, nahezu irreparableren Imageschaden kann man jemandem in diesem Alter nicht zufügen.

Neulich hat mir eine 13-Jährige vom Valentinsbrauch an ihrer Schule erzählt. Vorab, so erzählte sie mir, kann man dort Rosen ordern, und am 14. 2. werden diese Rosen dann in den Klassen verteilt. Wer viele Rosen bekommt, ist offensichtlich sehr begehrt. Beliebt. Wer keine bekommt, weiß somit über sein soziales Standing Bescheid. Da die Rosenvergabe öffentlich ist, sieht jeder, wer wie viele Rosen absahnt. Das fand ich schrecklich. »Ich gebe dir Geld!«, habe ich vorgeschlagen, »für die nächste Rosenverteilrunde. Und du kaufst Rosen für all die, die sonst keine bekommen. Man darf sie ja anonym verschenken. Niemand wüsste also, woher diese Rosen kommen.« Ich fand meine Idee genial. Das Mädchen allerdings weniger. »Man weiß doch eh, wer Rosen bekommt und wer nicht. Auch ohne die Scheißrosen ist vollkommen klar, wer beliebt ist und wer nicht. Wenn ich auf einmal Rosen bekäme, würde jeder denken, ich hätte mir selbst welche gekauft. Und wenn die anderen Nerds welche bekämen, würden sie sich vielleicht auch noch Hoffnungen machen. Hoffnungen, die sich dann ja nicht erfüllen.« Argumentativ nicht schlecht, aber irgendwie ziemlich ernüchternd und auch traurig.

Was also tun, wenn man denkt, das eigene Kind hat keine Freunde und wird aus eigenem Antrieb auch keine finden? Wenn man das Gefühl hat, das Kind leidet, ist bekümmert, zieht sich immer mehr zurück und schafft es nicht, selbst aus diesem Kreislauf herauszukommen?

Entwicklungshilfe

Sportvereine sind gut. Oder Singen. Musizieren. Malen. Werkeln. Alles, was in Gruppen stattfindet. Von Pfadfindern bis zu Töpferkursen. Computer programmieren bis Krav Maga. Alles, wo man auf Kinder trifft, die ähnliche Vorlieben haben (oder von Eltern zu Ähnlichem gezwungen werden). Irgendwelche Interessen hat jedes Kind. Selbst Jugendliche, eine Altersgruppe, bei der man kurz an meiner These zweifeln könnte. Es ist ein bisschen wie bei der Partnersuche. Weder Männer noch Freunde werden frei Haus geliefert. Das ist betrüblich in Zeiten ausufernder Bequemlichkeit. Aber ein bisschen was muss man schon tun. Runter vom Sofa – raus aus dem Kinderzimmer. Nicht warten, dass es an der Haustür klingelt, und draußen steht der neue beste Freund fürs Leben. Bei der Suche nach der großen Liebe oder dem schnellen Sex können Datingportale helfen. Kinderfreundschaftssuchportale gibt es leider nicht.

Manchmal hilft Kindern ein kleiner Stups in die vermutlich richtige Richtung. Vorschläge schaden jedenfalls nicht. Es ist letztlich wie bei der Partnersuche. Es kann hilfreich sein, sein Beuteschema mal zu überdenken. Was Freundschaft angeht, gilt das ebenso. Warum um die Gunst von jemandem buhlen? Muss man wirklich zur tonangebenden Peergroup gehören? Zur angesagtesten Clique? Geht's nicht auch eine Nummer kleiner? Sind da am Rand nicht noch mehr, die sich vielleicht auch nach Freundschaft sehnen?

Doch was ist, wenn das eigene Kind durchaus Anschluss findet, der aber den eigenen Kriterien nicht genügt? Wie bei Klara, deren Tochter Emmy eine neue Lieblingsfreundin hat. Eine, auf die sie voll abfährt und mit der sie jede freie Minute verbringt. »Die beiden sind ständig zusammen, das macht mir wirklich Sorgen!«, jammert Klara. Um ihre Sorge zu untermauern, zeigt sie mir ein Bild der neuen Freundin ihrer Tochter. Ich bin beeindruckt. Gina ist ziemlich knapp bekleidet, trägt gerne bauchfrei und hat perfekt geschminkte Smokey Eyes und gigantische Wimpern. »Mal ehrlich«, bemerkt Klara, »wenn es meine gute Erziehung nicht verbieten würde, würde ich sagen, die sieht aus wie eine russische Prostituierte und nicht wie eine 14-jährige Schülerin aus Groß-Karben.« Ich muss leider zugeben, Ähnliches gedacht zu haben. »Und was ist für deine Emmy so faszinierend an ihrer neuen Freundin?«, frage ich Klara. »Wahrscheinlich genau das!«, antwortet sie. »Der Unterschied. Emmy sieht aus wie ein harmloser Teenie und Gina wie eine junge Frau. Eine junge Frau, die Sachen macht und Dinge kennt, oder wenigstens so tut, als ob, die für Emmy verrucht und aufregend sind. Garantiert raucht Gina. Und trinken tut sie sicherlich auch. Und was mit Jungs ist, darüber will ich gar nicht nachdenken. Emmy hat mir erzählt, sie spart auf ein Tattoo!«

Ich schaue Klara an. Und muss ein bisschen lachen. »Wann hast du angefangen, heimlich zu rauchen?«, frage ich sie. »Mit 15!«, gesteht sie. »Und vor jeder Party haben wir uns ein kleines Fläschchen Apfelkorn am Kiosk besorgt, um vorzuglühen. So hat man das damals aber noch nicht genannt.« Sie lacht. Wenn man ehrlich mit sich ist, erinnert man sich auch daran, dass natürlich die Leute für einen selbst interessant waren, die schon ein Stückchen weiter waren. Älter. Die Dinge durften, von denen wir nicht mal zu träumen wagten. Diese Freunde waren – wenn überhaupt – so etwas wie menschliche Brandbeschleuniger. Da war schon Feuer in uns, es musste nur noch ein wenig Zunder kriegen. Als ich meinen ersten Freund zu Hause vorgestellt habe, hat meine Mutter eher abschätzig reagiert. »Was willst du denn mit dem?«, hat sie gefragt. »Der sieht weder gut aus, noch ist er besonders helle.« Das hat allerdings nicht dazu geführt, dass ich meine Entscheidung kritisch in Frage gestellt habe. Ganz im Gegenteil. Am liebsten wäre ich noch am selben Tag mit genau diesem Kerl über alle Berge. Heftige Ablehnung führt auf der Gegenseite oft zu größter Zuneigung. Was Eltern scheiße finden, wirkt plötzlich doppelt attraktiv. Insofern fährt man sicher am besten, wenn man versucht, entspannt zu bleiben. Das sagt sich natürlich leicht, und es gibt auch Bereiche, da sollte es mit der Toleranz vorbei sein. Aber nur weil Gina prolliger ist als die gesamte Truppe bei Big Brother oder weil Paul beim Essen wirkt, als wäre es sein erster Versuch, überhaupt mit Messer und Gabel zu essen, sollte man gelassen bleiben. Jugendliche wollen sich abgrenzen. Sie haben einen unbändigen Drang nach Rebellion. Richtig Spaß macht die Freundeswahl in diesem Fall natürlich nur, wenn wir uns auch angemessen aufregen. Das bedeutet im Umkehrschluss: Je weniger Bohei man um die

»falschen« Freunde macht, umso weniger Faszination üben sie aus.

Lockerungsübungen

Natürlich ist Gelassenheit nicht immer das Gebot der Stunde. Was tun, wenn es zum Beispiel um übermäßigen Drogengenuss geht? Dann muss man reagieren. »Was willst du denn machen? Ich bin alt genug und sehe die Leute, auf die ich Bock habe!«, hat ein 16-Jähriger in meinem Umfeld zu seinen Eltern gesagt und sich lässig zurückgelehnt. Jetzt könnte man mit den klassischen Elternsätzen kommen wie »solange du die Beine unter meinen Tisch streckst« oder »wir werden schon sehen Freundchen, wer hier am längeren Hebel sitzt!«.

Inhaltlich haben die Sprüche viel Wahres. Man muss sie nur ein bisschen zielgruppengerechter verpacken. Ist man sich sicher, dass »Freunde« tatsächlich nicht der »richtige Umgang« sind, sollte man seine Sorgen klar benennen. Reden ist immer ein guter Ansatz. Und sehr viel billiger, als etwa eine Detektei zu beschäftigen. Im Internet habe ich tatsächlich eine gefunden, die sich unter anderem darauf spezialisiert hat, den ›Umgang‹ von Jugendlichen auszuspionieren und die elterlichen Sorgen zu kapitalisieren: »Wenn Sie definitiv klären wollen, mit welchen Leuten sich Ihr Kind bewegt oder wo es sich um fragwürdige Zeiten aufhält, kann nur geschultes Fachpersonal weiterhelfen ... Ergreifen Sie die richtigen Maßnahmen, bevor Ihr Kind nicht mehr händelbar wird.« Und zwar am besten, »bevor es zu spät ist. Prostitution und Drogen können verheerende Folgen auslösen und zerstören mitunter eine ganze Familie«, mahnt die Website der Detektei Adler (www. adler-detektei.de) mit dem ganz großen BUH und macht das ganz normale Arbeitspensum der Pubertät – Abnabelung – zu einem großen Problem: »Passt sich Ihr Kind nicht mehr der Familie an und entzieht sich Ihren Erziehungsmaßnahmen? Bringt Sie die äußerliche und/oder innere Veränderung zur Verzweiflung?« Ja, dann muss man keinen Schnüffler engagieren. Da könnte man sich auch zunächst einmal fragen, ob die ganze Sorge um den ›schlechten Einfluss‹ vielleicht bloß eine sogenannte Übersprungshandlung ist. Ob man nicht einfach frustriert ist, dass nun die Freunde dem Heranwachsenden sehr viel wichtiger sind als die Eltern. Zumal die sich heutzutage gern als die ›besten Freunde‹ ihrer Kinder präsentieren. Da können schon mal Konkurrenzgefühle zu dem 18-jährigen Leon aufkommen, der für den Sohn offenbar gerade so etwas wie eine Offenbarung ist, weil er schon mal von der Polizei beim Fahren ohne Führerschein erwischt wurde, weil er kifft und eine eigene Wohnung hat (um genau zu sein: mehr einen ausgebauten Keller im Haus seiner Eltern). Und mal ehrlich, die meisten Kinder kommen von ganz allein auf die Idee, mal zu einem Joint zu greifen, die Schule zu schwänzen und Unterschriften zu fälschen. Wenn man mal versucht, die Freunde, auch die falschen, kennenzulernen, wird schnell manches geradegerückt. Geht es nur um Geschmacksfragen – »der Luis hat ein seltsames Vokabular« oder »die Bea geht auf die Realschule« –, sollte man sich am sprichwörtlichen Riemen reißen und überlegen, welches Vorbild man da für seine Kinder abgibt. Sollten die nicht lernen, dass nur Idioten Menschen in ›wichtig‹ und ›unwichtig‹ aufteilen, in solche, die auf die ›richtigen‹ und ›falschen‹ Schulen gegangen sind? Und noch etwas: Die meisten zweifelhaften Freundschaften erledigen sich von selbst, wenn sie bloß wegen des ›Zweifelhaften‹ geschlossen wurden. Meist in dem Moment, in dem die Eltern die Aufregung verweigern, die man damit eigentlich provozieren wollte. Der Rest wächst sich dann mit den Jahren aus. Und unter uns: Ab und an sollte man sich auch mal an die eigene

Jugend zurückerinnern und an die Faszination von Kids, die das taten, wovor uns unsere Eltern immer gewarnt haben. Vielleicht stand ja die ein oder andere selbst mal auf der Liste der Kontakte, die Eltern am liebsten aus dem Leben ihrer Kinder streichen würden. So wie Luise.

»Mein Vater war Kellner und meine Mutter Hausfrau. Wir lebten in einem Stadtteil, den man heute vermutlich als ›sozialen Brennpunkt‹ bezeichnen würde. Ich kenne durchaus das Phänomen, dass Eltern von Freundinnen sagten, dass ich nicht der richtige Umgang für sie wäre. Dabei war ich oft sehr viel besser in der Schule als ihre Töchter. Das war ganz schön demütigend.« So oder so sollte man seine Auswahlkriterien immer mal wieder überdenken und hinterfragen.

Karin, die selbsternannte Freundschaftsmanagerin ihres Sohnes Leon, ist übrigens noch immer auf der Suche nach einem geeigneten besten Freund für ihren Liebling. Wahrscheinlich wird sie noch aus der Seniorenwohnanlage heraus agieren.

Die BFF-Playlist

+ Girls Just Want to Have Fun – Cyndi Lauper
+ Run The World (Girls) – Beyoncé
+ Girlfriend – Icona Pop
+ Wir beide – Juli
+ Friends – Meghan Trainor
+ I'll Stand by You – Pretenders/Chrissie Hynde
+ Wind Beneath My Wings – Bette Midler
+ You've Got a Friend – Carole King
+ That's What Friends Are For – Dionne Warwick and Friends
+ I'll Be There – Mariah Carey
+ Umbrella – Rihanna

Kapitel 7

Die Bekannten – nichts Halbes und ziemlich viel Ganzes

»Leute, die sich in ihren Begriffen von der Freundschaft
nicht höher schwingen können, als dass sie alle guten Bekannten
für Freunde halten, denken, dass nichts gewöhnlicher
in der Welt als die Freundschaft ist.«
Friedrich Gottlieb Klopstock

Matching-Points

Mein 86-jähriger Vater lädt zweimal im Jahr – einmal im Advent und einmal im Frühling – jene Paare aus der Nachbarschaft zu sich nach Hause ein, die sein Leben seit fast 50 Jahren begleiten. Eine Tradition, die meine Eltern begründeten und die meine Schwester und ich nun seit dem Tod unserer Mutter mit unserem Vater weiterführen. Diese Gruppe hat früher ausschweifende Partys gefeiert. Manchmal sind die Frauen – trotz des Protestes ihrer Männer – zusammen verreist. Man hat so ziemlich alles hautnah mitbekommen: die Krebserkrankungen und den Tod von zwei Männern, die Hochzeiten der Kinder, die Geburt der Enkel. Man kennt sich sturzbetrunken, puppenlustig und bierernst und weiß so ziemlich alles voneinander. Trotzdem nennt mein Vater seine Gäste ›Bekannte‹. Nicht ›Freunde‹. Als ich ihn vor einer Weile fragte, womit man sich denn bei ihm als ›Freund‹ oder ›Freundin‹ qualifizieren müsste, wenn nicht mal eine fast lebenslange

Begleitung genügt, antwortete er, Freundschaften hätte er als Kind geschlossen. Ein Kriterium, das keiner seiner nun auch nicht mehr so neuen Kontakte erfülle. Immerhin sagte er ›gute Bekannte‹ und nutzte somit den Bekanntschaftssuperlativ. Das ist vielleicht ein wenig streng, und man könnte natürlich fragen, ob es klug ist, ein Freundschaftsfangnetz so klein zu halten, dass praktisch keiner drin hängen bleibt. Aber auf der anderen Seite steht ein anderes Extrem: das Facebook-Freundschaftsgießkannenprinzip. Die Wahrheit liegt – wie immer – irgendwo dazwischen.

Wenn mein Vater also von ›Bekannten‹ redet, meint er nicht etwa den Freundschaftstrostpreis, als den wir diesen Status gewöhnlich betrachten. Es ist vielmehr die Beschreibung eines anderen emotionalen Aggregatzustandes. Eines, der durchaus über ganz eigene Attraktionen verfügt. Denn wir sollten der ›Bekanntschaft‹ zugestehen, dass sie mehr ist als bloß die Abraumhalde der Freundschaft oder für Leute gemacht, bei denen es nicht mal mehr für ganz lauwarme Gefühle reicht. Es handelt sich im Gegenteil durchaus auch um eine respektable, wichtige und enorm vielgestaltige Beziehung. Unter anderem ist die Bekanntschaft so etwas wie Freundschaft für Unentschiedene und Beziehung auf Wiedervorlage. Eine durchaus engere Verbindung zu Menschen also, mit denen wir zwar an sich gerne zusammen sind, bei denen die Schnittmengen aber vielleicht nicht so groß ausfallen wie bei unseren engeren Freundinnen. Bekannte sind auch jene, die man zum Beispiel aus Zeitmangel nicht so oft treffen kann und mit denen man trotzdem in Verbindung bleiben möchte. Das emotional eher Heruntergedimmte der Bekanntschaft verfügt außerdem auch über eine Leichtigkeit, die Freundschaften – gerade den intensiven – manchmal fehlt. Ganz einfach, weil man an eine Bekannte längst nicht so hohe Ansprüche stellt. Man hält es im Gegenteil sehr gut aus, wenn sie nicht so tickt wie man selbst, sich bloß alle zwei Monate meldet oder unseren Geburtstag vergessen hat (so wie man selbst ihren). Die Bekanntschaft muss also erst einmal gar nichts. Sie braucht Sympathie nicht in der Familienpackung, sondern eher als Appetithappen. Vielleicht sollte man sich das wie seinen Kleiderschrank vorstellen. Da lagern ja auch eine Menge Stücke, die vielleicht nicht zu den Lieblingen zählen, die man möglicherweise gar nicht oft anzieht, die man aber trotzdem keinesfalls der Altkleidersammlung übergeben würde. Weil sie etwas extravaganter sind oder weil man gerade nicht reinpasst, sich aber – aus den unterschiedlichsten Gründen – trotzdem keinesfalls von ihnen trennen möchte. Es gibt jede Menge Gründe, die dafürsprechen, etwas nicht nur deshalb gleich zu den Akten zu legen, weil es nicht 100-prozentig ›matcht‹ und einem das Herz bei seinem Anblick nicht bis zum Halse hoch schlägt. Der beste von allen: Weil es nicht 100-prozentig ›matcht‹.

Die Gleichheitsbremse

Ja, es ist wunderbar, wie uns unsere besten Freundinnen unterstützen, motivieren, inspirieren, auffangen. Aber diese Aufgabe erledigen sie vor allem deshalb so großartig, weil wir mit ihnen so viel teilen können. Nicht nur Top-secret-Informationen wie unsere wirkliche echte Haarfarbe oder dass der Sohn das schlechteste Zeugnis seiner Klasse nach Hause gebracht hat. Es sind auch ähnliche Erfahrungen, ähnliche Bildung, Haltungen, Interessen, Einkommen und vor allem, dass wir uns »im Herzen ähneln«, wie Sully Prudhomme, der erste Nobelpreisträger für Literatur, einmal den wichtigsten Freundschaftsmagneten überhaupt beschrieb. In allem anderen, so meinte er, könnten wir ruhig »grundverschieden« sein.

Bei Bekannten dagegen braucht man sich nicht mal »im Herzen« zu ähneln. Und auch all die anderen Übereinstimmungen und Teilmengen sind oft viel kleiner. Meist hätte man sich diese Menschen nicht freiwillig ausgesucht, auch weil sie oft aus ganz anderen Lebensrichtungen kommen. Das unberechenbare Schicksal hat sie uns an irgendeiner biographischen Weggabelung zugespielt: in der Stillgruppe, beim Sport, beim Elternabend, im Urlaub, während des Studiums, in der Nachbarschaft, beim Einkaufen oder weil man im Wartezimmer desselben Gynäkologen einmal sehr lange warten musste. Man fand sich nett, interessant, spannend – fühlte sich aber nicht nahe genug, dass mehr daraus hätte werden können. So wie die Frau, die man beim Zumba kennengelernt hat. Eine Hardcore-Veganerin oder den Exiliraner, ein Mathematikprofessor vom Schrebergarten nebenan, mit dem man schon manche Grillfeste gefeiert hat und mit dem man gelegentlich eine Tasse Kaffee trinkt. Die Exkommilitonin, die nach dem Pädagogikstudium als Texterin in eine Werbeagentur ging, oder die Besitzerin vom Nagelstudio, mit der man schon so viel Zeit verplaudert hat, dass sie einem schon an der Miene ansieht, ob man heute zur Maniküre einen Kaffee oder doch lieber etwas Perlendes braucht. Wenn man sich auf der Straße, beim Friseur, auf Veranstaltungen, Feiern, Partys trifft, freut man sich und hat immer etwas zu erzählen. Dann fragt man sich, warum man sich eigentlich nicht öfter mal verabredet, und meint das in dem Moment total ernst. Am Ende kommt es dann doch nicht dazu, weil die ›Bekanntschaft‹ schnell wieder in die hinteren Ränge rückt und weil dieser Grad des Kontaktes auch die entspannende Nebenwirkung hat, sich jedes Mal wieder aufs Neue versichern zu können, sich unbedingt einmal treffen zu wollen. Um es dann nicht zu tun, ohne dass jemand wirklich beleidigt wäre. Und auch und vor allem weil wir eben nicht mit allen befreundet sein können, nicht für alle Zeit, Aufmerksamkeit und Interesse haben.

Das alles sind Faktoren, die zusammengenommen einen ganz besonderen Reiz ergeben: Horizonterweiterung. Gerade weil Bekannte oft ganz anders unterwegs sind als wir, machen sie unser Leben reicher und bunter und bringen tausend neue Eindrücke und Einflüsse mit, die dort sonst keinen Platz gefunden hätten. Das kann ziemlich nützlich sein. Und zwar in nahezu allen lebenspraktischen Fragen. Freunde – gerade die engen – verfügen ja in der Regel ohnehin über dieselben Informationskanäle wie wir. Sie leben wie wir, verdienen ähnlich viel, wählen vermutlich dieselbe Partei und das gleiche Urlaubsziel.

Deshalb sind es gerade die sogenannten schwachen Bindungen, die bei der Arbeitssuche oder bei der Suche nach neuen Informationen oder Ideen sogar fast wichtiger sind als enge Freunde oder gute Kollegen. Der Soziologe Mark Granovetter von der University of Stanford erkannte die Bedeutung dieser »Brückenfunktion« schon in den 1970er Jahren. Und auch die beiden Wissenschaftler Nicholas Christakis und James Fowler von der Harvard University schreiben, dass man sich diese losen Beziehungen als »eine sprudelnde Quelle neuer Informationen« vorzustellen hat.

So wie Christine, meine Nachbarin, mit der ich regelmäßig Kaffee trinke. Sie ist 45 Jahre alt, von Beruf Medizinisch-technische Assistentin und wohnt gegenüber. Als ich mit Verdacht auf einen Armbruch mal ganz dringend einen MRT-Termin brauchte – also einen vor dem nächsten Jahrtausend –, machte sie pronto für mich einen in der radiologischen Praxis klar, in der sie arbeitet. Ich liebe außerdem Christines Berichte aus ihrem Arbeitsalltag. Sie sind für mich wie ein Backstage-Ausweis zu einer mir sonst fremden Welt. Etwa wenn sie erzählt, wie Männer sich beim Röntgen und bei der Computertomographie anstellen: »Dafür bekommen sie von mir vorher so eine Hodenkapsel als Schutz vor der Strahlung. Um nicht ganz so direkt zu werden, sage ich schon mal ›das hier ist für Ihr Kostbarstes oder Ihre Preziosen!‹. Du glaubst gar nicht, wie viele empört aus der Umkleidekammer kommen und sagen, also DAS wäre ja wirklich ein bisschen wenig Platz für Portemonnaie UND Autoschlüssel!‹«

Auch Jule, mein Jahrgang und von Beruf Architektin, ist so ein Bekanntschaftsglücksfall: Mit ihr war ich in der Unterstufe befreundet und habe sie, nachdem sie von der Schule gegangen war, aus den Augen verloren. Bis ich sie auf einem Foto vom Richtfest eines Neubaukomplexes in Frankfurt wiederentdeckte. Aus dem zugehörigen Artikel erfuhr ich, dass sie in dem Architekturbüro arbeitet, das für Planung und Ausführung verantwortlich war. Ich suchte damals nach einer Eigentumswohnung und war schon leidlich verzweifelt, weil ich es wirklich schwer fand, eine richtig gute Entscheidung zu treffen. Zumal in dieser Zeit sehr abschreckende Reportagen im Fernsehen liefen über arme Sparer, die ihr ganzes Geld in windige Immobilien gesteckt hatten. Ich rief also Jule an, und sie erzählte mir, dass ihre beste Freundin gerade das Penthouse erstanden hatte. Da war für mich die Sache klar. Ich brauchte keine weiteren Informationen – und wäre sowieso mit der Prüfung von Bausubstanz, Elektro- und Sanitärinstallation total überfordert gewesen. Ich kaufte eine Wohnung in genau diesem Haus, das Jule mit gebaut hatte. Seitdem treffe ich Jule einmal im Monat zum Mittagessen. Manchmal mit Pausen, weil die eine oder die andere den Termin absagen muss und wir keinen neuen finden. Aber immer greifen wir den losen Faden wieder auf. Seit 13 Jahren mittlerweile. In dieser Zeit habe ich ihr auch einen typischen Bekanntschaftsgefallen tun können: Ich habe ihr mit der Adresse einer auf Hunde spezialisierten Heilpraktikerin helfen können. Genauer gesagt, dem

Rauhaardackel ihrer Mutter. Weil Jule – wie ich – eigentlich zwar tierlieb ist, daraus aber keine Vollbeschäftigung macht – und ich eine Bekannte habe, für die der Tierschutz Lebensinhalt ist. (Übrigens ein Grund, weshalb Gunilla und ich nicht sehr eng befreundet sind. Ich finde nämlich, dass Tiere nicht VOR den Menschen kommen sollten und einen die Liebe zum Vierbeiner nicht dessen enthebt, auch mal mit Zweibeinern Mitgefühl zu haben.) Gunilla verfügt über einschlägige Kontakte und konnte so mittelbar dem Rauhaardackel zu ein paar extra Lebensjahren verhelfen.

Alles anders

Mag sein, dass das Modell ›gleich und gleich‹ in Freundschaften bestens funktioniert. Dass Freundschaften dann wie geschmiert laufen, wenn der andere der Spiegel ist, in dem man sich selbst sieht. Es entspannt und bestätigt das eigene Leben, Denken, Arbeiten, Lieben. Doch wir bewegen uns damit auch stets in denselben Filterblasen und Echokammern und schauen viel zu selten über den Tellerrand. Bekannte dagegen können uns genau über diesen Tellerrand heben. Sie sind sozusagen Brückenbauer zwischen den Welten. Umso wichtiger ist es, dass sie aus möglichst vielen sozialen Bereichen kommen.

Wenn man keine Rentnerin persönlich kennt, die von 500 Euro Rente im Monat leben muss, glaubt man auch, die Sache mit der Altersvorsorge vernachlässigen zu können und dass man als Frau schon ausgesorgt hat, wenn der Mann viel verdient. Man hat noch nie Kontakt gehabt zu einem, der Hartz IV bezieht? Zu einem Menschen, der mit seiner Familie vor Krieg und Verfolgung fliehen musste? Dann kann man sich leicht hinstellen und behaupten, dass das so schlimm ja gar nicht sei. Weil man keine Ahnung hat und also auch keine Empathie aufbringt. Selbst eine alleinerziehende Mutter und Bäckereifachverkäuferin kann für eine Managerin mit Haushaltshilfe und Au-pair für die drei Kinder ein Schlüssel zu einer anderen Welt sein. Und umgekehrt. Es ist leicht, sich mit zwei Kindern und einem Vollzeitjob über die »faulen Pädagogen« mit ihren ewig langen bezahlten Ferien zu echauffieren. Bis man mal mit einer Grundschullehrerin gesprochen hat. Und so ließe sich die Liste ewig fortsetzen. Ich jedenfalls musste mich – dank diverser Bekanntschaften – schon häufiger von vielen Vorurteilen verabschieden. Bekanntschaften sind deshalb auch so etwas wie das Tor zur Weltoffenheit. Eine Chance und ein Synonym für Anteilnahme im besten Sinne des Wortes. Wie unfasslich viel bewegt werden kann, wenn das Leben uns mit anderen Lebensentwürfen konfrontiert, wie wir daran wachsen können, zeigte sich anlässlich eines Experiments der irischen Regierung. Bastian Berbner schrieb über dieses Bekanntschaftswunder im Magazin der *Süddeutschen* einen großartigen Artikel unter dem Titel »Ich und der ganz andere«.

Alles fing damit an, dass die Iren eine Bürgerversammlung ins Leben rufen wollten, die über wichtige Themen diskutieren und dem Parlament Entscheidungshilfen an die Hand geben sollte – für die Reform des Wahlrechts, die Abschaffung des Senats und die Legalisierung der sogenannten Homo-Ehe. Ein Meinungsforschungsinstitut wählte geeignete Bürger aus und brachte so das denkbar unwahrscheinlichste Paar zusammen: den Briefträger Finbarr O'Brian aus dem kleinen Kaff Macroom, verheiratet, Vater und ein erklärter Homosexuellenhasser. Und Chris Lyons, Irokesenschnitt, Eyeliner, lackierte Fingernägel – jeden in einer anderen Farbe des Regenbogens – und schwul. »Ich dachte sofort, den schlage ich durchs Fenster!«, so Finbarr O'Brian über die erste Begegnung. Der Grund: Der vierschrötige Mann fühlt sich sofort zurückversetzt in sein Kinderzimmer und in die Zeit, als ein Freund der Familie ihn über Jahre missbrauchte. Er hatte zwar eine Therapie gemacht und wusste, dass sein Peiniger damals nicht schwul war, sondern pädophil. Und sein Umkehrschluss – ›schwul gleich pädophil‹ – falsch war. Sein Gefühl aber flüstert ihm etwas anderes ein. Kurz, er ist enorm angespannt. Das ist die erste und einzige Gemeinsamkeit. Denn auch bei Chris Lyons läuft sofort ein Film ab: »Älterer irischer Mann, mein ganzes Leben kämpfte ich gegen solche Leute und ihre Werte, immer wieder musste ich sagen, wisst ihr, ich bin nicht pervers, ich bin ein vollwertiger Mensch. Selbst meine Mutter hielt mich für pädophil, als ich ihr mit 17 sagte, dass ich schwul bin.« Da sitzen sich also zwei Traumata gegenüber – perfekte Voraussetzungen für eine herzliche Abneigung. Doch bereits in der Vorstellungsrunde entdecken sie eine weitere Gemeinsamkeit – dass sie nämlich beide nicht gerade viel verstehen von dem, was die Akademiker in der Runde so vortragen. In der Teepause halten sie Smalltalk. Sie kommen sich näher. Jedes Versammlungswochenende ein bisschen mehr. Sie warten aufeinander in der Bar. Diskutieren noch einmal über die Themen, um die es tagsüber ging. Erzählen sich von ihrem Leben und werden sich immer sympathischer. Als vor der entscheidenden Abstimmung noch Vertreter der katholischen Kirche zu Wort kommen und argumentieren, es sei naturgewollt, die Ehe nur Männern und Frauen vorzubehalten, überwindet Finbarr O'Brian seine Scheu, greift zum Mikro und sagt: »Das größte Problem der Menschen ist Ignoranz. Sie wissen nicht genug. Mir persönlich ging es genauso. Vor vielen Jahren wurde ich missbraucht, und danach habe ich das automatisch gleichgesetzt, schwule Männer und Missbrauch. Ich wusste es einfach nicht besser. Aber dann lernte ich, dass homosexuelle Menschen, Männer wie Frauen, normale Menschen sind.« Am nächsten Tag stimmt nicht nur er für die Homosexuellen-Ehe, sondern auch 76 weitere der hundert Mitglieder der Bürgerversammlung votierten für die Verfassungsänderung. Die Steilvorlage für das Referendum zur »Homo-Ehe«. Schließlich entschieden sich 62 Prozent der Iren dafür.

Das ist nicht nur ein bemerkenswertes Beispiel für die Sache mit dem Flügelschlag eines Schmetterlings, der einen Orkan auszulösen vermag. Die Geschichte zeigt auch, wie einen der sehr schmale Bekanntschaftspfad auf die Panoramastraße des Lebens führen kann. Wenn man erfährt, wie es woanders bei anderen aussieht: mit weniger Geld, weniger Platz, einer anderen sexuellen Orientierung, mit oder ohne Partner, mit vielen Kindern oder ohne. Das stärkt auch und vor allem den Toleranzmuskel, nimmt die Furcht vor dem Unbekannten und lässt wie ein Superdünger Verständnis wachsen.

Ein Freund hat sich auch gerade ein solches Erlebnis verschafft. Und zwar mit Allam, einem recht neuen Bekannten, der aus Marokko stammt. Kennengelernt haben sich die beiden in der Sauna (nein, nicht was Sie denken). Wie in der marokkanischen Kultur üblich, ist Allam als der älteste Sohn und als einer der wenigen mit regelmäßigem Einkommen verantwortlich für so ziemlich alles, was in der Familie los ist. Er muss sich um seine alten, kranken Eltern kümmern, dem Cousin, der noch jeden Job in den Sand gesetzt hat, mit Geld aushelfen, damit der mit seiner kleinen Familie über die Runden kommt. Seine Frau ist daheim – kümmert sich um die drei Kinder, aber nicht um die Versicherungen, die Miete, all die Verträge, die so ein Leben in Deutschland mit sich bringt. Sie kann nicht mal zum Elternabend gehen, weil sie nicht ausreichend Deutsch spricht. Allam – so erzählt mir mein Freund beeindruckt – ist immer total gestresst, und die drei Stunden in der Sauna sind in der ganzen Woche die einzige Zeit, die er für sich hat. Seitdem er Allam kennt und wöchentlich hört, was man als Mann so alles um die Ohren hat, wenn die Frau praktisch nichts alleine entscheiden kann und soll, hat mein Freund – sonst tendenziell eher konventionell – den Feminismus für sich entdeckt. Klar, es mag viel beruhigender sein, das eigene Denken und Fühlen durch das der anderen bestätigt zu sehen. Aber es macht uns auch enorm denkfaul, impulsschwach und träge.

Es sollte also keiner die Bekanntschaft unterschätzen – sie hat ihre ganz eigenen Stärken. Wer jetzt fragt, wie soll ich neben 2459 Facebook-Freunden auch noch regelmäßig Bekanntschaften pflegen, dem kann ich nur sagen: Erstens zählen Facebook-Freunde nicht, jedenfalls nicht so wie die Menschen, die wir im wirklichen Leben treffen. Und zweitens haben wir zum Glück mehr Kapazitäten, als wir denken.

Dunbars Nummer

Nein, das ist keine besonders abgefahrene Sexpraktik. Es ist eine Zahl, die nach dem britischen Anthropologen Robin Dunbar benannt wurde. Er forschte zum Umfang des Freundeskreises, den wir maximal bewältigen können, und fand heraus, dass er von der Größe unsere Gehirns abhängt. Demnach liegen unsere Möglichkeiten da zwischen 100 und 250, im Schnitt also 150 stabilen sozialen Beziehungen. ›Dunbars Number‹ ist also die 150. Das bedeutet im Umkehrschluss nicht, dass der Gatte, der vielleicht nur zwei beste und drei entferntere Freunde hat, über kaum mehr Grips verfügt, als man braucht, um sich die Schuhe selbst zuzubinden. Es stellt nur dar, welches Freundschaftsfassungsvermögen wir theoretisch hätten. Praktisch würde einen schon die Vorstellung, das in Geburtstags- und Weihnachtskarten und regelmäßige Treffen umzurechnen, überwältigen. Zumindest, sofern man nebenbei noch einer geregelten Arbeit nachgehen muss. Zum

Glück muss man nicht die ganze Beziehungsration auf einen Happs bewältigen. Dunbar fand vielmehr Abstufungen, die er Zirkel nannte. Mit ihnen wird im Grunde auch der Betreuungsaufwand definiert. Demnach verdient die höchste Pflegestufe, wer sich im innersten Zirkel befindet: Und das sind in der Regel bis zu fünf ganz enge Freunde. Jene, die wir vielleicht durch eine schwere Krankheit begleiten würden, denen wir selbstverständlich Geld leihen und die wir auch dann einen gemeinsamen Urlaub lang sehr gut ertragen, wenn es zwei Wochen durchregnet. Dann folgt laut Dunbar der ›sympathy circle‹ mit 15 engen Freunden. Die würden wir im äußersten Notfall auch mal um Geld bitten oder darum, uns abzuschleppen, wenn wir mit dem Auto nachts liegenbleiben und alle aus dem innersten Zirkel gerade nicht können. Aber vermutlich würden wir sie nicht nach einer Nierenlebendspende fragen, falls wir mal eine brauchen. In den Kreisen drei und vier sind es dann bis zu 120 Menschen, mit denen wir mehr oder weniger aufwendig Kontakt halten. Darunter die ehemalige Schulfreundin, die Kollegin, mit der man sich fünf Jahre ein Büro geteilt hat. Die Freundin einer Freundin, die man sehr mag und mit der man auch mal zusammen ins Kino geht. Man freut sich, sich zu sehen – ein paarmal im Jahr –, würde sich aber nicht anrufen, um von seiner Beförderung zu erzählen, von der kranken Mutter oder wenn man eine Krise hat. Damit sind unsere Freundschaftsgefühle erst einmal ausgeschöpft.

Nun bleibt natürlich nicht jeder an dem Platz, den man ihm vielleicht 1975 einmal zugewiesen hat. In den von Dunbar definierten Zirkeln ist im Gegenteil ganz schön viel Bewegung. Verlieben wir uns etwa, kostet uns das gleich zwei Freundschaften im innersten Zirkel. Ganz einfach, weil ein Mann eine Frau einfach enorm viel Zeit kostet. Mehr übrigens als umgekehrt. Die Menschen verschwinden aber nicht einfach. Sie rutschen möglicherweise bloß einen Zirkel weiter. Umgekehrt kann man natürlich auch wieder aufrücken. Und nicht erst, wenn die Beziehung wieder am Ende ist. Es genügt schon, wenn sich der Hormon-Tsunami etwas legt und man sozusagen zur Partnerschaftstagesordnung übergeht, um wieder Platz für wenigstens eine weitere Beste zu schaffen, die man meist auch dringend braucht. Manchmal werden auch an den äußeren Rändern gleich größere Freundschaftsmengen ausgetauscht. Etwa durch einen Umzug in eine andere Stadt. Dann haben die Kontakte, die sich im äußeren Zirkel befinden, das größere Risiko, wie ein altes Polaroidfoto einfach zu verblassen.

Sozialschlampen

Dunbar wollte auch wissen, ob es so etwas wie ein perfektes Alter für Freundschaften gibt, sozusagen einen Freundschaftshöhepunkt. Dafür untersuchte er die Telefondaten von drei Millionen Europäern, um herauszufinden, wann wir die meisten Kontakte haben. Sagen wir es so: Mit 25 könnten wir uns getrost von der Bühne fallen lassen – es würden ausreichend Menschen für eine passable Stage-Diving-Runde herumstehen. Mit 40 dagegen wäre davon abzuraten. Es sei denn, man wollte schon immer mal vom Einer in einen leeren Pool springen. Forscher nennen diese Freundschaftsfruchtbarkeitsphase übrigens »soziale Promiskuität«. Das meint im Grunde jene jugendliche Bedenkenlosigkeit, die wir alle kennen, die wir diese Zeit nicht unnötig an die Vernunft vergeudet haben: Man zieht mit Leuten herum, die sich dafür mit nichts weiter qualifiziert haben als mit der Fähigkeit, 24 Stunden am Stück wach zu bleiben und auch nach sieben Bier nicht umzufallen. Oder weil sie dieselbe Leidenschaft für NWOAHM, eine ziemlich exotische Heavy-Metal-Variante, teilen, schon eine eigene Wohnung oder ein eigenes Auto haben oder einen die Hausarbeit haben abschreiben lassen. Es gibt in den USA sogar einen nationalen Feiertag für diese Phase der unkomplizierten Freundschaften to go: Spring Break, das Epizentrum des ›Sozialschlampentums‹. Eine meist einwöchige, manchmal auch zweiwöchige Pause des Studienbetriebs an den Colleges. Eine Art Massenkuscheln mit Wet-T-Shirt-Contests, Bierwetttrinken, Rockmusik, schnellem Sex, aus der man mit Glück nicht mit Chlamydien, sondern bloß mit jeder Menge neuer Telefonnummern wieder in den Studienalltag zurückkehrt. Man verfügt in diesem Lebensalter über enorme Freundschaftspotenziale, die jedoch im Laufe der Jahre schwinden. Auch weil immer weniger von den Rohstoffen zur Verfügung steht, die es braucht, um alle Beziehungen angemessen zu ›bedienen‹: Zeit, Aufmerksamkeit, Geduld und Toleranz. Es beginnt das große Aussieben. Das bisschen Gelegenheit, das man noch zur Freundschaftspflege hat, reserviert man nun für die paar, die einem wirklich nahe sind. Freundschaft wird nun auch eine Ressourcenfrage. Solange der Tag nicht mehr als 24 Stunden hat und wir noch Familie, Job, Sport, Tinder, Haushalt und Shopping irgendwie in unseren Terminkalendern unterbringen wollen, gibt es da natürliche Grenzen, die der Kommunikationswissenschaftler Jeffrey A. Hall von der University of Kansas in einer Studie aus dem Jahr 2018 ausgelotet hat.

Er wollte wissen, wie viel Zeit Menschen miteinander verbringen müssen, um von Bekannten wenigstens zu lockeren, aber auch zu engen Freunden zu werden. Dafür wertete Hall unter anderem die Antworten von 355 Amerikanern aus, die innerhalb der letzten sechs Monate in eine neue Stadt gezogen waren und dort nach neuen Freunden gesucht hatten. Er fragte, wie vielen Menschen sie seit ihrem Umzug begegnet wären und wie sich die Beziehungen seitdem entwickelt hätten.

Hall konnte aufgrund der Daten tatsächlich sagen, dass man für eine neue Bekanntschaft oder eine lockere Freundschaft etwa 40 bis 60 Stunden in den sechs Wochen nach dem ersten Treffen investieren muss. Verbringt man aber 80 bis 100 Stunden zusammen, ist die Wahrscheinlichkeit groß, dass man auf eine richtige Freundschaft zusteuert. Hat man über 200 Stunden miteinander verbracht, ist man eng befreundet. Natürlich läuft diese Freundschaftsuhr nicht für Kollegen, mit denen man ohnehin acht Stunden am Tag verbringt. Es sei denn, man geht nach der Arbeit noch gemeinsam in die Kneipe oder zum Sport und verabredet sich auch für die Wochenenden. Zur Quantität muss also noch Qualität kommen. Trotzdem ist klar, dass man allein aus zeitlichen Gründen nicht unendlich viele ›gute Freundinnen‹ haben kann. Theoretisch. Praktisch haben wir seit 2004 Facebook und damit die Gelegenheit, das ewige Freundschaftsdilemma zu lösen: mit sehr vielen gleichzeitig ›befreundet‹ sein zu können, ohne sie als ›Bekannte‹ sozusagen auch offiziell auf die Spielrandplätze verweisen zu müssen. Dank Facebook gibt es kein ›lauwarm‹ mehr. Alle Menschen sind vielleicht nicht Brüder geworden – wie es in Beethovens ›Ode an die Freude‹ heißt. Aber wenigstens können nun alle Freunde sein. Kurz, der Freundschaft bricht zunehmend die Mittelschicht – die Bekanntschaft – weg. Offiziell gibt es nur noch ›Freunde‹ oder eben solche, die uns wumpe sind. Also jedenfalls, wenn man in Facebook-Kategorien denkt.

Meine 294 besten Freundinnen

Als ich letzte Woche in der Stadt unterwegs war, traf ich zufällig Dagmar. Ich bin seit mehr als sieben Jahren mit ihr befreundet. Klar, dass man sich da grüßt. Also ich wenigstens. Sie dagegen schaute mich so erstaunt an, als hätte ich sie einfach so gefragt, ob sie sich mal eben ausziehen kann. Ich musste sie erst daran erinnern, dass wir doch Freunde sind, also auf Facebook. Aber klar, Dagmar hat dort 430 Freunde. Ich habe zwar ›nur‹ 294, frage mich aber auch schon manchmal, woher ich die ein oder andere eigentlich kenne. Manchmal gehe ich dann auf deren Profil und lasse mir die ›Querverbindungen‹ – also die ›gemeinsamen Freunde‹ – anzeigen, um zu verstehen, wer diese Sabine oder Carola oder Marianne zu mir geführt hat. Aber das ist Elend auf hohem – oder sagen wir niedrigem Niveau. Shakira etwa hat über 100 Millionen Freunde. Das ist, als würde sie jeden einzelnen Deutschen vom Säugling bis zum Greis und auch noch jeden Belgier kennen. Aber sie wundert sich vermutlich nicht, wenn man sie grüßt. Zu Facebook bin ich gekommen, weil ich so quasi wie nebenbei noch am Leben meiner Nichten und Neffen, die damals mit ihren Eltern – meinem Bruder und seiner Frau – nach Finnland ausgewandert waren, teilhaben konnte. Zumal die damals in einem Alter waren, in dem man nicht gerade erpicht darauf ist, älteren Angehörigen am Telefon regelmäßig Rapport zu erstatten. Klar waren schon ein paar Freunde in Facebook. Leute, die ich auch im echten Leben kannte und mochte. Dann kamen Freunde von Freunden dazu und zunehmend auch Anfragen von Menschen, die aus Facebook eine Olympiade machten und möglichst viele Kontakte sammeln wollten. Eine Weile fragte man sich nämlich durchaus: »Und, wie viele hast du?« Ich hatte allerdings am Anfang noch das Gefühl, als würde ich Fremde in meine Wohnung lassen – und war entsprechend wählerisch. Einerseits. Andererseits drohten schon früh immer auch diplomatische Verwicklungen. So etwa nach der Weihnachtsfeier des Fußballvereins meines Mannes, als mich diverse Ehefrauen von Mitspielern in der Kategorie ›Alte Herren‹ anfragten. Ja, das klingt, schon wenn man es aufschreibt, sehr, sehr entfernt. Trotzdem nahm ich sie mit auf in den Kreis meiner ›Freunde‹. Es schien mir komplizierter, es nicht zu tun und dann etwa beim Vereinssommerfest zu erleben, wie mir nur noch der anatomisch korrekt platzierte 3-D-Stoffpenis der irre lustigen Grillschürze des Vereinsvorstandes zuwinkt. Doch das sind ehrlich gesagt ›Ausreißer‹. Die überwiegend meisten meiner Facebook-Freunde haben – wie ich – im weitesten Sinne etwas mit Medien zu tun oder sind Verwandte.

Gedacht als Freundschaftssimulationsplattform regiert auch dort die Monokultur. Einfach aus dem an sich ja richtigen Gedanken heraus, dass wir auch digital lieber mit Menschen unsere Zeit verbringen, die ähnlich ticken wie wir. Bis hin zu dem, was Wissenschaftler ›parallelweltliche Gruppenstrukturen‹ nennen: Impfgegner bleiben unter Impfgegnern, Verschwörungstheoretiker unter Verschwörungstheoretikern. Jeder bleibt in seinem eigenen Informationsuniversum. Und da geht es nicht etwa ›hinterm Horizont‹ noch weiter, wie Udo Lindenberg einmal sang, sondern da ist ziemlich schnell Ende Gelände. Schon weil die Internetfilter uns nur zeigen, was wir sehen wollen – um uns zu ersparen, was wir nicht mögen, was uns befremden könnte. Und das wird immer mehr, je mehr wir zulassen, dass uns die Welt nur noch in leicht bekömmlichen Appetithappen präsentiert wird.

Freundschaftskarteileichen

Das ist das eine Facebook-Dilemma. Das andere, dass das Portal den Freundschaftsbegriff sogar noch bis weit unterhalb dessen ausweitet, was man in Prä-Facebook-Zeiten allenfalls noch als eine ›entfernte Bekannte‹ bezeichnet hätte. Wenn überhaupt. Schon weil ich ohne Facebook garantiert nicht mit Freundenvonfreundenvonfreundenvonfreundenvonfreunden überhaupt in Kontakt gekommen wäre. Das Portal gaukelt uns vor, man könne gleichzeitig mit 388 Menschen – so der Durchschnitt der Facebook-Kontakte –, und zwar gleich intensiv, befreundet sein. Als könnte man wie Dagobert Duck in seinen Geldscheinen in Hochgebirgen von Sympathie baden, ohne mehr dafür tun zu müssen, als dann und wann ein ›Like‹ zu platzieren. Facebook, das fühlt sich so wohlig an, als wäre man Teil eines weltweiten Bandes von derzeit knapp zwei Milliarden Nutzern. Bloß dass das Portal eben nicht die Idee einer global-solidarischen Menschengemeinschaft befeuert, sondern vielmehr das Gegenteil: die Zersplitterung in Meinungsfragmente und die Abschottung gegenüber anderen Szenen, Milieus und Haltungen. Man muss sich das wie Europa zu Corona-Zeiten vorstellen: all die Großzügigkeit im Grenzverkehr – abgeschafft. Stattdessen schottet man sich gegen die anderen ab. Die Bekanntschaft – sozusagen das Schengener Abkommen der Beziehungen; die Großzügigkeit, der freie Zugang zu den verschiedenen Welten haben in diesem Kosmos keinen Platz mehr. Abgesehen natürlich von den Gattinnen der Hobbyfußballer, die ich der – mittlerweile schon längst gekündigten – Vereinsmitgliedschaft meines Mannes verdanke. Aber ehrlich: Auf Facebook konnten wir eigentlich nichts miteinander anfangen. Wir haben sogar aufgehört, uns zu den Geburtstagen zu gratulieren. Sie sind quasi meine Freundschaftskarteileichen. Wären wir uns im echten Leben häufiger begegnet, hätte das durchaus anders sein können. Aber die Kargheit der Facebook-Kommunikation bot letztlich zu wenig Spielraum. Das ist das nächste Facebook-Problem und gleichzeitig die größte Verlockung des Portals: die Vorstellung, man könne Beziehungen bloß mit ein paar Worten, einer Menge Emojis, mit ›Ja‹ und ›Nein‹ und mit Retweets angemessen pflegen und führen. Im analogen Leben muss man zuhören, aufmerksam bleiben, sich daran erinnern, wann die andere ihre Mammographie hat und man also Daumen drücken und anrufen sollte. Wenn man nicht gleich mitgeht. Das alles ist auf Facebook nicht zwingend nötig. Und wenn Sabine postet, dass ihr der Hund oder auch die Mutter gestorben ist, schreibt man »bleib stark!« oder »denke an dich!«. Dann postet man noch das Heul-Emoji und findet, man habe aber nun mehr als genug Anteilnahme gezeigt.

Gefühlssimulanten

Wie sich das auf die lange Strecke und bei entsprechender Bedürfnislage auswirkt, erlebe ich regelmäßig bei Margit. Sie ist eine Kollegin, und ich sehe sie wegen eines gemeinsamen Auftrags etwa einmal im Monat. Margit war schon immer groß darin, in Freundschaften Aufwand und Wirkung auf ein für sie maximal energieschonendes Verhältnis zu bringen. Bei Facebook fand und findet sie dafür ideale Voraussetzungen. So erzählte sie vor einer Weile eine ziemlich komplizierte Geschichte von einem Facebook-Freund, die sie – wie sie sagte – »total fertiggemacht hat«. Dieser Facebook-Freund war durch eine Krankheit in finanzielle Schwierigkeiten geraten und postete das Dilemma nun in seinem Profil. Das war so entsetzlich traurig, sagt Margit, dass sie sogar kurz darüber nachdachte, etwas zu spenden – aber dann wären ja schon so viele andere bereit gewesen. Was an sich ja sehr nett ist. Im Laufe der Geschichte zeigte sich, dass das vom Schicksal so gebeutelte Hasi offenbar ein Ferienhaus in Südfrankreich besitzt. »Ja, aber warum hat er darauf keine Hypothek bekommen?«, fragte ich und sagte, dass die Bedürftigkeit sich ja da offenbar in überschaubaren Grenzen hielt. Margit empfand das als unzulässigen Einwurf. Ihrer Meinung nach ging er komplett an dem vorbei, worauf es ihr bei dem vermeintlichen Drama ankam: den Nachweis von Empathie zu führen. Mir und sich selbst zu beweisen, wie sie am Leben ihrer Freunde teilnimmt. Auch wenn sie den bedürftigen Immobilienbesitzer nicht mal persönlich kennt. Als wir bei einer späteren Gelegenheit auf eine Freundin zu sprechen kamen, die schwer erkrankt war, war Margit durchaus auch sehr betrübt. Bis zu dem Punkt, an dem ich fragte, ob sie diese Freundin denn nicht mal besuchen würde. »Ich weiß gar nicht, ob sie das überhaupt will«, wand sich Margit und erklärte, sie fürchte, eine Begegnung wäre für sie vielleicht zu belastend. Also für Margit, nicht für die Schwerkranke. Ja, auch das tut Facebook für uns: Es verwandelt uns in Gefühlssimulanten. Wir können uns durchaus geschätzt fühlen und als phantastische Freundinnen, weil sich ja all die dafür relevanten Aufgaben direkt online erledigen lassen: Anteilnahme, Interesse, Austausch. Bloß eben vom Sofa aus und ohne dass uns jemand wirklich viel Zeit, Energie, Fürsorge kostet – und das womöglich noch, ohne dass alle anderen dabei zuschauen, wie wir uns als Eins-a-Freundin erweisen. Digital dagegen ist das Leben und Befreundetsein einfach leichter. Oder sagen wir so: Es kommt uns wenigstens so vor. Auf die lange Strecke kostet uns aber genau diese Idee, es könne so etwas wie Essen ohne Abwasch geben – also Freundschaft ohne Aufwand –, eine Menge der Qualitäten, wegen denen wir dieses Beziehungsmodell so in den Himmel heben: Verbindlichkeit, Sicherheit, Nähe. Aber wie immer gilt auch für Facebook: Es ist bei weitem nicht alles schlecht. Wenn man denn mit Vorsicht genießt, was es einem zu bieten hat, dann findet man alte Schulfreunde, hält Kontakt mit der Mischpoke im Ausland, sieht, wie es den Kollginnen ergeht, erhält spannende Hinweise auf Reisen, Zeitungsartikel, Theaterstücke, Filme, Musik.

Die ganz lange Leine

Auf Facebook kann man nicht wirklich die wichtigen Lebensthemen besprechen. Es sei denn, man möchte seine Probleme gern per Volksentscheid lösen. Nichts geht deshalb über Offlinebegegnungen, den direkten Austausch, die körperliche Nähe, Umarmungen. Darum, die kleinen, feinen körperlichen und mimischen Signale wahrnehmen zu können. Facebook ist auch dort bedenklich, wo wir uns gegenseitig immer bloß die Sonnenseiten unserer Leben vorführen. Geschätzt 90 Prozent aller Beiträge aber fallen genau in diese Kategorie und werden noch von Neidfotos begleitet: von Bildern also, die wunderbare Ferien, herrliche Gärten, tolle Kochkünste, wohlgeratene Kinder zeigen. Ich habe mich auch schon gefragt, wieso eigentlich alle anderen offenbar immer so viel mehr Freizeit haben als ich. Zum Beispiel Birgit, eine Facebook-Freundin, die – laut ihres Accounts und vor Corona – praktisch täglich in einem anderen Café vor einem anderen Megaeisbecher oder Megastück Kuchen saß. Auch in den Wochen, in denen sie – jedenfalls für ihren Arbeitgeber – wegen eines Bandscheibenvorfalls krankgeschrieben war. Nein, das ist nicht klug, sagt aber viel über unser Bedürfnis aus, wenigstens online zu den Begünstigten des Schicksals zu gehören.

So erfährt man über das Portal höchstens Spurenelemente aus dem Alltag seiner Facebook-Freunde. Eine Art Best-of. So wie bei Sven, der vor einigen Jahren auf die Kanaren ausgewandert ist. Eigentlich war er mal ein Bekannter, bevor er mein Facebook-Freund wurde. Regelmäßig sehe ich nun auf Facebook, was er und sein Mann abends so kochen, wie schön die Sonne scheint und wie toll es am Strand ist. Wie es Sven wirklich geht, ob er glücklich ist mit seiner Entscheidung, wie oft er tatsächlich Zeit hat, am Strand herumzuliegen, erfahre ich nicht. Dafür müsste ich ihn schon regelmäßig anrufen oder ihm wenigstens schreiben. Das würde sicher manches relativieren. Klar, es ist verständlich, dass wir vor allem die Schauwerte unserer Leben auf Facebook vorführen. Aber das ist eben auch ein Problem. Ich habe es schon erlebt, dass eine der anderen die Facebook-Freundschaft gekündigt hat, weil sie es – wie sie schrieb – nicht mehr ertragen konnte, wie eine Bekannte dort den Eindruck erweckte, ihr Leben bestünde ausschließlich aus phantastischen Urlaubsreisen, entspannten Nachmittagen auf der Terrasse des selbstverständlich hinreißenden Hauses, in dem sie mit einem Traummann, der es ohne Unterlass Rosen regnen lässt, und zwei famos geratenen Kindern lebt, denen sie ständig sternetaugliche Gourmetmahlzeiten serviert, die sie in einer sich offenbar selbst reinigenden Küche mal eben in einer halben Stunde lässig aus dem Ärmel geschüttelt hat. Ich kann einerseits verstehen, wie frustrierend das ist. Andererseits würde man ja auch nicht – sagen wir – Verona Feldbusch vorwerfen, dass sie sich ziemlich Fremden nicht morgens in dem Zustand präsentiert, in dem sie ist, BEVOR sie – vermutlich für vier Stunden – ins Bad geht. Dennoch: Facebook hat durchaus seine eigenen Stärken. Allerdings liegen die jenseits von denen, die es für sich reklamiert. Denn es geht gefühlsmäßig nicht in die Tiefe, sondern vielmehr in die Breite. Es ist keinesfalls ein Freundschaftsnachweis. Eher ein Bekanntensammelbecken. Es erlaubt einem, Kontakte zu halten zu Menschen, die sonst unter unserem Beziehungsradar fliegen würden. Es ermöglicht es, am Leben derjenigen teilzuhaben, die zu weit entfernt leben, um mal eben auf einen Teller Spaghetti bolognese vorbeizukommen. So wie ich an dem meiner Neffen und Nichten in Finnland und Schweden. (Jedenfalls bis Facebook für jüngere Menschen uninteressant und eher zum Tummelplatz von Mittelalten wie uns wurde.) Und es ist womöglich der Anfang einer engeren Beziehung. So wie mit ein paar Kolleginnen, die mir – auch via Facebook – durchaus ans Herz gewachsen sind. Und zwar so, dass ich fest vorhabe, sie nach Corona wenigstens mal auf einen Wein zu treffen. Wir sollten einfach – und das schreibt auch Dunbar über den Umgang mit dem Portal – niemals vergessen, wie beschränkt der Freundschaftsbegriff von Facebook ist, und ihn keinesfalls auf das echte Leben übertragen. Denn dort braucht die Freundschaft Treffen, Gespräche und körperliche Nähe – jedenfalls dann, wenn Corona endlich mal vom Tisch ist. Professor Dunbar formuliert es so: »Worte sind einfach. Aber die Art und Weise, wie dich jemand berührt, auch so nebenbei, sagt um vieles mehr darüber, wie er von dir denkt.«

Geh niemals allein essen

Eine Variante der Bekanntschaft hat in den letzten Jahrzehnten enormen Aufwind erlebt: das Netzwerk. Ein Kreis von Leuten, die an sich wenig verbindet, die aber zumindest beruflich ähnliche Interessen teilen und so ziemlich dasselbe wollen: vorankommen. Die Idee: bei einschlägigen Veranstaltungen ausreichend Kontakte – vor allem in Form von Visitenkarten – zu sammeln, um sie dann bei passender Gelegenheit – wie einem Stellenwechsel oder einer Auftragsvergabe – gegen bevorzugte Behandlung einzutauschen. Ein Netzwerk soll also eine Art Gleitmittel nach oben sein, und ein Meer von Ratgeberbüchern empfiehlt dazu passend ein Leben und Arbeiten, in dem Beziehungen praktisch wie Nutztiere betrachtet werden. *Geh nie allein essen!* von Keith Ferrazzi und Tahl Raz ist so eine Anleitung, wie man jede Minute – auch die freien – idealerweise damit verbringt, dieses Nutztier gleichzeitig zu pflegen und zu melken. Das meint, dass man keine Gelegenheit auslassen sollte, um Beziehungen zu knüpfen. Auch und gerade in der

Mittagspause. Ebenso wie beim Sport. (Schon mal über einen Golfkurs nachgedacht?)

So schön ich die Idee finde, sich gegenseitig nach Kräften zu unterstützen, so skeptisch bin ich bei den vorgeschlagenen Ausführungen. Mich stresst schon der Gedanke, jedem, der mir jemals über den Weg lief, bloß weil er mir mal irgendwas ›bringen‹ könnte, eine Weihnachtskarte schicken zu müssen, damit er mir wohlgesinnt bleibt. Oder bei Restaurantbesuchen nicht danach zu schauen, mit wem ich am liebsten zusammen bin, sondern von wem ich am meisten profitiere. Klar, würde jetzt jede Netzwerkexpertin einwenden, brauchen wir uns bloß mal die ganzen Männerklüngel, die Vetternwirtschaft anzuschauen, um zu verstehen: Wenn wir Frauen uns weiterhin nicht allein deshalb schon unter die Arme greifen, weil wir Frauen sind, so wie Männer sich nur deshalb weiterempfehlen, weil sie Männer sind, dann wird das nie etwas mit der Gleichberechtigung. Das ist richtig. Aber warum muss ich dafür viermal im Monat zu irgendwelchen Netzwerktreffen gehen? In praktisch jedem Portal vertreten sein, das mir verspricht, mich mit Entscheidungsträgern zu connecten? Zumal die meisten Angebote kostenpflichtig sind? Ist das nicht wieder mal eine Grundungerechtigkeit: dass wir uns jetzt auch noch das selbstverständliche Mitmischen und Unterstütztwerden erarbeiten sollen? Anstatt gleich die Abkürzungen zu nehmen?

Man könnte sich doch auch einfach vornehmen, bei gleicher Qualifikation stets Frauen den Vortritt zu lassen. Angefangen bei der Wahl des Hochzeitsfotografen, bei der Entscheidung für das Catering-Unternehmen für Omas Neunzigsten bis hin zum Abteilungsleiterposten. Ja, Frauen brauchen Unterstützung. Wir müssen uns selbst helfen, dorthin zu kommen, wo Männer uns offenbar nicht freiwillig haben wollen. Nämlich an die Spitzenplätze der Arbeitswelt. Dabei sollten wir uns aus guten Gründen derselben Werkzeuge bedienen, die auch

Männer seit Jahrtausenden weidlich nutzen: der schlichten Bevorzugung. Man braucht nicht erst die endlos lange Liste von Managerpleiten und Nullnummern zu bemühen (ich zum Beispiel hätte niemals Monsanto gekauft!), um zu verstehen, dass der Aufstieg nicht etwa von exzellenten Abschlüssen und phantastischen Leistungen befeuert wird, so wie wir Frauen es gern annehmen. Es kommt vor allem darauf an, jemanden zu haben, der einem beim Aufsteigen in den Chefsessel die Steigbügel hält. Dass laut Schätzungen des Instituts für Arbeitsmarkt- und Berufsforschung etwa ein Viertel der neu besetzten Stellen über persönliche Kontakte vergeben werden, stützt diese Theorie. Schön blöd also eigentlich, wenn man da gar keine Kontakte hat oder nur solche, mit denen man Adressen für das perfekte Nagelstudio oder die besten It-Bag-Sales der Stadt tauschen kann. Einerseits. Andererseits genügt ein Blick ins Internet, dass Frauen längst ihren eigenen Networking-Kosmos geschaffen haben. Es gibt Hunderte von Frauennetzwerken, Business-Clubs, Interessenverbänden, die Dutzende von Treffen, Vorträgen, Tagungen und Fortbildungen veranstalten. Allein die Terminliste von Netzwerken, die für mich in Frage kommen, liest sich wie der Tourplan des Corona-Virus. Schon beim Lesen macht mich das sehr müde, und ich frage mich: Wie soll man vor lauter Netzwerken dann eigentlich noch zum Arbeiten kommen?! Will ich meine Beziehungen wirklich wie Tinder-Kontakte sortieren? Nach ›vielversprechend‹ und ›sicher nutzlos‹? Wenn Netzwerken so viel bringt und Frauen schon so viel netzwerken, wie kommt es dann, dass wir noch nie ein DAX-Unternehmen mit einer Chefin hatten. Dass Frauen immer noch viel weniger verdienen – bei gleicher Arbeit? Und dass der Frauenanteil in den Vorständen der Börsenunternehmen bei gerade einmal 14,7 Prozent herumdümpelt und so niedrig ist, wie in kaum einem anderen Industrieland? Ist das Problem mal wieder typisch weiblich?

Dass wir denken, wir müssten uns das Vorankommen auch wirklich und wahrhaftig ›verdienen‹ – nämlich nicht nur mit exzellenten Abschlüssen, sondern auch noch, indem wir das Netzwerken zu unserem Zweitjob machen? Nach Feierabend und den eigentlich sauer verdienten Wochenenden? Wieso erledigen wir diese Unterstützung nicht wie die Männer einfach ganz nebenbei. Also auf unseren Fußballplätzen und in unseren Strip-Clubs: im Nagelstudio, beim Prosecco in der In-Bar, beim Joggen im Park und in der Stillgruppe? Machen wir es uns wieder einmal zu schwer, anstatt so leicht wie mein Mann? Wenn der etwas will oder jemanden braucht, dann verwendet er nicht – wie ich – diese gaaaaanz langsam einwirkende Emotionspflegespülung in Form von endlosen Verabredungen und Essenseinladungen, bevor er die Beziehung im Support-Schleudergang strapaziert. Er ruft einfach den Kumpel an, den er etwa von einem Fußballturnier im Jahr 1992 gut genug zu kennen glaubt, und fragt ihn freiheraus nach einem wirklich großen Gefallen. Meistens bekommt er umstandslos, was er will. Egal, ob es sich um einen Kontakt zu einem Entscheider oder den Schlüssel zum Ferienhaus handelt.

Tatsächlich bestätigen Studien, dass Frauen eher zum vergleichsweise aufwendigen NETTworking tendieren, während Männer ihre Kontakte lose gestalten, aber dafür größere Netze unterhalten. Sie begegnen sich auf der Sachebene, während wir es persönlich angehen. Und dann – ich schreibe es nicht gern – belegen Studien außerdem: Gerade Frauen, die es an die Spitze geschafft haben, neigen nicht gerade dazu, anderen Frauen den Weg zu ebnen. Sie wollen sich vermutlich nicht die Blöße geben, andere nur wegen ihres Geschlechts zu bevorteilen. Aber warum eigentlich? Sollte man nicht gerade, wenn man es bis zur Spitze geschafft hat, souverän genug sein, um es als Chefin eben genauso zu machen wie ein Chef? Zeigt es nicht, dass eine mitnichten dort angekommen ist, wo die ganz großen Hunde pinkeln, wenn sie sich wie ein Schoßhündchen davor fürchtet, möglicherweise als Feministin verschrien zu sein? Wir finden, wenn man über Freundschaft spricht, wenn man das Freundschaftsideal schon so hoch hängt, dann sollte es immer und in jedem Fall drin sein, andere Frauen nicht nur dabei zu unterstützen, das optimale Blond für sich zu finden oder einen guten Babysitter oder Scheidungsanwalt. Dann sollten wir auch ENDLICH damit beginnen, uns wirklich voranzubringen. Indem wir einander einfach so – ohne 487 Networking-Termine – die Karriereräuberleiter machen. Natürlich spricht nichts dagegen, sich dennoch zu einem branchenbezogenen Erfahrungsaustausch zu treffen. So einmal im Monat und am besten mit spannenden Frauen und nicht bloß ›Kontakten‹, in einem Restaurant, wo es etwas Leckeres zu essen und einen ordentlichen Wein gibt. Ansonsten ist unsere Zeit zu kostbar, um sie mit der Idee zu vergeuden, dass Frauen immer nur noch mehr Entwicklungshilfe brauchen. Denn mal ehrlich: Wir sind längst weit genug, um die Weltherrschaft zu übernehmen. Das Einzige, was uns dafür fehlt, sind nicht etwa Networking-Termine, sondern dass wir endlich anfangen, auch mit uns selbst Freundschaft zu schließen. Anderen Frauen zu vertrauen, sie zu respektieren. Nicht obwohl, sondern weil sie Frauen sind.

Die schönsten
Freundinnen-Serien

+ Cagney & Lacey (1981)
+ Golden Girls (1985 – 1992)
+ Sex and The City (1998 – 2004)
+ New Girl (2011 – 2018)
+ Gilmore Girls (2000 – 2007)
+ Absolutely Fabulous (2009)
+ Two Broke Girls (2011 – 2017)
+ Girls (2012 – 2017)
+ Grace & Frankie (2015 – 2020)

Kapitel 8

Unter Einfluss – im Guten wie im Hochkalorischen

»Oh, I get by with a little help from my friends.«
John Lennon & Paul McCartney

Mea culpa

Klar, wenn man Leute fragt, wie sie Freunde geworden sind, dann sagen die meisten – ›unter anderem auch, weil wir dieselben Dinge und Menschen schätzen!‹ Das ist die offizielle Version. Die inoffizielle: dass Freundschaften oft vor allem eine Art Mini-Sharing-Community wenig glanzvoller Eigenschaften wie Selbstmitleid und Unterlegenheitsgefühle sind. Offenbar vereint die Feststellung, dass es immer die anderen sind, die das größere Stück vom Kuchen bekommen, und das Leben so was von unfair ist, weitaus mehr als überbordernder Optimismus. Man braucht sich bloß mal einen Montagmorgen in der Kaffeeküche vorzustellen. Wem fliegen da wohl alle Herzen zu? Der Kollegin, die meint, dass sie sich bei der Aussicht auf eine ganze natürlich beinharte Arbeitswoche am liebsten gleich wieder ins Bett legen würde, oder derjenigen, die sagt ›wie ich mich drauf freue, wieder am Schreibtisch zu sitzen, das könnt ihr euch gar nicht vorstellen!!!‹. Oder wer erntet im Wartezimmer beim Arzt das meiste Kopfnicken? Die größte Verständnisinnigkeit? Die Person, die nach zwei Stunden sagt, ›der Doktor wird schon seine Gründe haben! Ist ja auch wahnsinnig viel los wegen Corona, und ich bin echt froh, dass er überhaupt arbeitet und seine Praxis nicht geschlossen hat!‹ Oder diejenige, die sich ereifert? ›Gott, können die sich hier nicht besser organisieren? Wozu machen wir Termine, wenn sich am Ende keiner daran hält? Denkt der vielleicht, seine Zeit ist wertvoller als meine?‹ Das Blöde ist, dass es sich bei der Schwarzmalerei um einen sich selbst verstärkenden Effekt handelt. So Robin Kowalski, Psychologin an der Western Carolina University. Die Erfahrung, mit Nörgelei, Unzufriedenheit und Lamentieren deutlich mehr Sympathien einheimsen zu können als mit Zuversicht und Selbstbewusstsein, würde – so die Jammerexpertin – dieses negative Verhalten nur noch befeuern. Besonders für und bei Frauen.

Das klingt gemein? Nicht, wenn man mal einen Freundinnenabend lang einfach nur zuhört und streng für sich überprüft, wem man sich näher fühlt: Gesine, die schon wieder vor dem Tiramisu eingeknickt ist und somit ihren gefühlt siebenundachtzigsten Diätversuch mal wieder gleich am ersten Tag vergeigt hat?! Oder Marlene, die wie immer nur einen Salat isst und ein Mineralwasser trinkt und überhaupt mit beinharter Disziplin beweist, dass eine Größe 36 auch über Jahrzehnte möglich ist, und uns damit irgendwie ja auch unsere Charakterschwäche unter die Nase reibt? Frauenromane wie *Schokolade zum Frühstück* funktionieren ja auch deshalb so gut, weil die Heldinnen wie Bridget Jones in der Regel sympathische Tollpatsche sind, die nach einer Tournee durch alle weltweit verfügbaren Fettnäpfchen endlich in die Arme des Mannes sinken, der ihr Chaos in geordnete Bahnen lenkt. Ob wir eine Frau, die ihr Leben bestens im Griff hat, zum Niederknien kocht, zwei Kinder allein erzieht, regelmäßig Sport macht und außerdem noch ein kleines Unternehmen leitet, ebenso in unser Herz schließen würden? Vermutlich nicht. Aber warum sprechen wir lieber über den missglückten Sauerbraten, die vermeintlichen zwei Kilo zu viel auf den Hüften, die Falten, den selbstverständlich furchtbar lieblosen Mann und den Haushalt, den andere selbstverständlich viel besser im Griff haben? Wozu dieses ständige mea culpa? Es liegt daran, dass wir eben wissen, wie viel zugänglicher wir damit auf andere Frauen wirken. Wir senken die Hürden so weit nach unten, dass die andere ganz bestimmt drankommt, und schalten uns sozusagen selbst als potenzielle Konkurrentinnen aus. Dazu entlastet dieses Verfahren auch noch. Schließlich kann man Erwartungen, die man gar nicht erst geweckt hat, auch nicht enttäuschen. Wir sorgen also dafür, dass man nicht allzu harsch über uns urteilt, bauen schon mal vor, falls wir den Halbmarathon doch nicht schaffen oder den neuen Job nicht bekommen oder doch wieder zur Zigarette greifen. Nur damit die anderen einen nicht für eine Angeberin halten oder glauben, man wolle etwas Besseres sein, strebsamer, erfolgreicher, tüchtiger, denkt und vor allem – spricht – man das Scheitern schon mal vorsorglich mit.

Beweinungsgruppen

Selbstverständlich hat es auch seine guten Seiten, wenn Frauen sich signalisieren ›ich bin keinesfalls besser als du, und will es auch gar nicht sein!‹. Es ist ja auf der anderen Seite nichts nerviger, als zu beobachten, wie die Platzhirsche an unserer Seite aus allem einen Wettkampf, eine Konkurrenz machen und sich sogar darüber beharken, wer den größeren Rasenmäher hat. Umgekehrt wirkt es enorm entspannend, wenn man gerade in engen Beziehungen nicht dauernd in den Ring steigen und sich um das Siegertreppchen schlagen muss. Es ist ja im Gegenteil auch und vor allem eine vertrauensbildende Maßnahme, gar nicht erst so zu tun, als wäre man fürs Siegen geboren und als würde immer alles total rundlaufen. Eine, die wir Frauen bereits sehr früh weidlich nutzen, wie die Psychologin Joyce Benenson vom Emmanuel College in Boston herausgefunden hat. Demnach tauschen sich schon Mädchen gern intensiv über ihre Sorgen und Probleme aus. Während Jungs so tun, als hätten sie weder das eine noch das andere, und auch dazu angehalten werden, sich vollimprägniert gegen Schwächen darzustellen. Aber weil es Mädchen vor allem um das Sprechen über ihre und anderer Leute Schwierigkeiten geht, sind sie weniger an Lösungen interessiert, sondern daran, Nähe herzustellen. Probleme werden so zu einer Art Morgengabe und Währung von Frauenfreundschaften, weil sie Gemeinsamkeiten schaffen, Gesprächsstoff bieten und Aufmerksamkeit garantieren. Vertrauen gegen Vertrauen lautet der Deal. Und meint damit: Schwäche gegen Schwäche. Wer sich nicht dran hält und etwa ordentlich aufs Klotz haut, behauptet, ›also bei mir läuft's super!‹, der muss damit rechnen, aus dem Kreis der Klageweiber ausgeschlossen zu werden. Das bedeutet nicht, dass wir uns gegenseitig runtermachen. Nein, das soll schon jede schön selbst für sich erledigen. Zum Spiel gehört nämlich auch, dass man sich nach Kräften lobt, die Empfängerin das Lob aber keinesfalls annehmen darf, sondern so entschieden abwehrt, als hätte man ihr unterstellt, mit dem Mann ihrer besten Freundin eine Affäre zu haben. Maren Kroymann hat das sehr eindrucksvoll und ziemlich lustig zu einem Sketch mit dem Titel ›Frauen & Komplimente‹ verarbeitet:

Zwei Freundinnen – Maren und Kerstin – sind in einer Tennishalle. Die eine lobt die andere für ihre Brownies. Woraufhin die sagt: »Ich finde sie zu trocken. Normalerweise sind die besser. Ich habe keine Ahnung, was ich diesmal falsch gemacht habe.« Eine dritte – Merit – kommt dazu. Kerstin und Maren überschütten sie mit Komplimenten für ihr Outfit, und sie antwortet: »Das habe ich mir mal vor hundert Jahren im Sale gekauft.« Meret gratuliert Maren zu ihrem neuen Job im Vorstand, den Maren – NATÜRLICH – nicht selbst angesprochen hat, und was sagt Maren? Klar: »Am Ende habe ich den Platz im Vorstand nur gekriegt, weil ich eine Frau bin ...« Und so geht es immer weiter: Jedes Lob, jede Anerkennung wird abgeschmettert. Und als Kerstin erzählt, sie habe ihre Dissertation hingeschmissen, und sagt: »War ja eh klar, dass das nichts wird. Ich habe einfach gemerkt, wissenschaftliches Arbeiten ist nichts für mich«, reagiert Maren zwar angemessen fassungslos: »Du hast zwanzig Jahre in der Forschung gearbeitet. Nach dir haben sie eine Fruchtfliege benannt.« Aber keine sagt: »Mit dir spiele ich kein Tennis mehr. Du bist offenbar verrückt geworden.« Als eine vierte Freundin dazukommt, Leila, beginnt das Spiel von vorne. Die drei anderen sind voller Begeisterung darüber, wie Leila es hinbekommt, vier Kinder und ein kleines Unternehmen zu haben und dabei noch so gut auszusehen. Maren: »Echt toll, wie du das machst! Kannst du echt stolz auf dich sein!« Und was sagt Leila? »Doch, stimmt schon. Das kann ich wirklich! Ich mache das schon alles ganz schön gut.« So war das offenbar nicht geplant. Denn nun herrscht allgemeine Sprachlosigkeit bei den drei anderen Freundinnen. Eine Stimme aus dem Off kommentiert in die verblüffte Stille: »Und das war das erste Mal in der Geschichte der Menschheit, dass eine Frau ein Kompliment angenommen hat!«

Abgestraft

Ja, klar, erwarten wir auch von unseren Freundinnen, dass sie nett zu uns sind und uns eben nicht sagen: ›Mein Gott, bist du alt geworden!‹ Das wissen wir im Zweifel erstens selbst, und zweitens sehen unsere Freundschaftsregularien vor, zwar gemeinschaftlich darüber zu seufzen, wie die Zahl unserer Falten zweistellig wird, aber der anderen keinesfalls mitzuteilen, sie solle sich gefälligst mal am Riemen reißen und dass von Selbstmitleid noch keine jünger geworden ist. Vielleicht auch, weil wir ahnen, was Untersuchungen ergaben: dass Beziehungen zwischen Partnern und Verwandten sehr viel strapazierfähiger sind. Vielleicht, weil man ihnen weniger entrinnen kann als Freundinnen, die mal Tacheles geredet haben. Da wir uns das miteinander nicht erlauben können, ohne die Freundschaft zu riskieren, tun wir es eben übereinander. Jedenfalls laut einer Studie mit dem schönen Namen »Interpersonal Chemistry Through Negativity: Bonding by Sharing Negative Attitudes About Others«, durchgeführt von Jennifer Bosson und drei Kollegen vom Fachbereich Psychologie an der University of South Florida. Demnach besteht die besondere Chemie in vielen Freundschaften vor allem auch darin, gemeinschaftlich über andere herziehen zu können. Natürlich nur über die, die gerade nicht anwesend sind. Man könnte auch sagen: Antipathie vereint. Je mehr man gemeinsam über andere ablästern kann, umso besser fühlt man sich verstanden und zueinander hingezogen. Klingt nicht sehr nett. Aber wenn ich mich zurückerinnere, gab es natürlich bereits im Kindergarten und später in der Schule schon immer ein ›Wir‹ und ein ›Die‹.

In der Kleinstadt, in der ich größtenteils aufgewachsen bin, waren es ›die‹ Kinder aus den ›Sozialbaracken‹. Das stärkte den Gemeinschaftssinn, und man fühlte sich gleich besser, privilegierter. Obwohl oder vielleicht weil wir es eigentlich nicht waren. Mein Vater arbeitete damals auch ›nur‹ als angestellter Bäcker, und wir lebten ziemlich beengt zu fünft auf circa 60 Quadratmetern mit Bad überm Hof. Später, auf dem Gymnasium, gab es auch ein ›Wir‹ – das waren natürlich die ›Coolen‹ –, und die anderen waren die ›Spießer‹. Das waren die Mädchen, die aus den ländlichen Gebieten jeden Morgen eine ganze Stunde mit dem Bus zur Schule anreisten und die wir – die wir selbst auch bloß in einem Vorort lebten – immer als auch modisch ziemlich hinterm Berg empfanden und auch so behandelten: von oben herab. Natürlich waren wir vor allem froh, nicht ganz am unteren Ende der Hackordnung zu stehen. Denn natürlich hatten wir auch welche über uns: die aus der Oberstufe, die mit den älteren, sehr viel spannenderen Jungs draußen vor der Schule rauchten. Wir waren gleichzeitig Opfer und Täter. Wie vermutlich jede Frau hatten wir alle es schon erlebt, wie bitter es ist, verstoßen zu werden. Eines Tages in die Schule zu kommen und zu wissen, da hat sich gerade etwas aufgebaut – etwas, das man heute ›Shitstorm‹ nennt und das sich damals noch als eisige Atmosphäre äußerte. Oft ohne zu wissen, warum eigentlich. Ich habe einmal ein halbes Jahr damit verbracht, herauszufinden, warum meine Freundinnen nach den Sommerferien so viel distanzierter zu mir waren als davor. Warum es dieses dauernde Getuschel gab. Was ich eigentlich verbrochen hatte. Nach ein paar Wochen stellte sich heraus, dass ein Junge üble Geschichten von mir in Umlauf gebracht hatte. Ich hätte versucht, ihn anzubaggern, obwohl ich mit seiner Freundin befreundet war. Klar, da wäre ich auch sauer gewesen. Wenn es denn gestimmt hätte. Schlimm war nicht das Gerücht. Schlimm war, dass niemand wirklich etwas sagte oder mit mir darüber sprach. Ich hätte also wissen müssen, wie es sich anfühlt, ausgeschlossen zu werden. Diese unausgesprochenen Vorwürfe, Verdächtigungen, gegen die man sich nicht wehren kann, weil man sie nicht kennt. Ich habe es aber bei der nächstbesten Gelegenheit nicht anders gemacht und eine nur deshalb blöd gefunden, weil sie fleißig lernte, während unser Mädels-Cliquen-Konsens doch war, das Abitur auch mit maximalen Fehlzeiten irgendwie gebacken zu kriegen. Vielleicht waren wir auch sauer, weil sich am Beispiel der Abtrünnigen zeigte, dass es nicht etwa die ›blöden Lehrer‹ waren, die nicht ordentlich erklären konnten oder persönliche

Antipathien gegen uns hegten, wie wir es unsern Eltern – allerdings mit mäßigem Erfolg – weismachen wollten. Es war schlicht unsere Faulheit, die uns die schlechten Noten bescherte. Es blieb dabei: Wer anders war, anders fühlte, andere Bedürfnisse und Wünsche hatte, wurde abgestraft. Das galt für die vermeintliche ›Streberin‹ ebenso wie für Carola, das sogenannte Klassengeschoss. Sie sah mega aus und hübschte sich dazu noch nach Kräften auf: mit knappen Röcken und viel Make-up. Wir, die wir damals gerade Alice Schwarzers *Der kleine Unterschied* gelesen hatten, empfanden das als indiskutables Andienen an die Jungs, als eilfertige Erfüllung niederster Weibchenklischees und Bärendienst an der Sache der Frauen. Dabei war Carola eigentlich sehr nett und hatte es keinesfalls verdient, von uns so verachtet zu werden, bloß, weil sie gut aussehen wollte. Auf der anderen Seite machten wir uns auch über jene Mädels lustig, die von ihren Eltern offenbar in der Seniorenabteilung von Neckermann eingekleidet wurden. Kurz, wir hatten es offenbar verdammt nötig, uns nicht einfach so, sondern bloß auf Kosten anderer besser zu fühlen.

Und daran – das muss man leider sagen – hat sich nicht viel geändert. Wir sind oft immer noch vor allem in der Abwertung vereint: die Supermuttis gegen die vermeintlichen Rabenmütter. Die Ökos gegen die Tussis. Die Hausfrauen gegen die Berufstätigen. Die von nebenan gegen die von gegenüber. Und immer auch umgekehrt. Klar, haben wir beide auch schon ganze Abende damit verbracht, mit Freundinnen etwa über Madonna und den erbarmungswürdigen Zustand ihres Gesichts zu lästern. Bis eine sagte: »Wisst ihr was: Kann nicht jede mit ihrem Gesicht machen, was sie will? Oder – wie Cher es einmal formuliert hat – ›Und wenn ich mir meine Brüste auf den Rücken machen lasse, ist das meine Sache!‹ Haben wir nichts Besseres zu tun, als über andere Frauen zu lästern?« Und sollten wir nicht gerade in Freundschaften möglichst viele

Türen offen lassen für Veränderungen? Und zwar jedweder Art und nicht nur die, die die Mädelsclique gestattet?

Kein Wunder, dass etwa der massenhafte Einsatz von Botox und Faltenfiller eines der größten Geheimnisse bleibt und selbst Freundinnen einander lieber nicht erzählen, dass sie ihre so erstaunlich glatte Haut einem Besuch beim Beauty-Doc verdanken und eben nicht – wie manche Promi-Frau behauptet – viel Wasser und einer Menge Schlaf. Wer hat schon Lust, nach einem Abend, an dem man gemeinschaftlich darüber herzog, wie unfasslich peinlich Madonna ist, sich zu offenbaren, dass man durchaus über den ein oder anderen Eingriff nachdenkt, und dabei Abwertung und Unverständnis zu riskieren?

Dicke Freunde

»Misery seeks Company«, sagt man in England. Meint: Elend sucht Gesellschaft. Das bedeutet auch, dass wir uns in unserem vermeintlichen Unglück, mit unseren Mängeln, da am ehesten aufgehoben fühlen, wo sich niemand daran stört. Den »Ort des Vertrauens« hat die Psychologin Verena Kast einmal den emotionalen Platz genannt, den Freundinnen im Leben einnehmen. Man könnte ihn auch als »Ort des Stillstandes« bezeichnen. Denn wir suchen ja vor allem Freundinnen, die uns bestätigen, dass wir richtig sind und die anderen falsch. Ja, Freundschaft ist somit auch eine Art Beruhigungsmittel, das wunderbar ist, aber auch vorsichtig dosiert werden sollte. Denn im Übermaß kann es auch jedweden Willen zur Veränderung einschläfern. Dass gerade Frauenfreundschaften oft eher systemerhaltend als systemsprengend sind, weiß ich – wie wir vermutlich alle – aus Erfahrung. Ich habe schon Freundinnen verloren, weil ich mir nach jahrelangen Tiraden einmal erlaubt

habe anzumerken: »Wenn Karl-Erich wirklich so ein herzloser Arsch ist, dann verlass ihn doch und hör auf, dich immer nur zu beklagen und ihn schlechtzumachen. Schließlich muss ja auch irgendwas Gutes an ihm sein, wenn du doch immer bei ihm bleibst!« Und auch die Beziehung zu Karla ist deutlich abgekühlt. Sie ist Graphikerin und redet am liebsten darüber, wie unfähig ihre diversen Chefinnen sind. Nun wurde die Leitungsstelle frei, und Karla hätte im Prinzip exzellente Chancen gehabt, selbst Chefin zu werden und so all das ganz anders und viel besser als ihre Vorgängerinnen zu machen. Wollte sie aber nicht. Dann muss ich mir auch nicht länger anhören, wie unerträglich nun auch die Neue wieder ist.

Wie tückisch die Haltung ›alles soll so bleiben wie es ist‹ sein kann, zeigt sich ausgerechnet dort, wo wir doch auf stete Veränderung getrimmt sind: beim Gewicht. Mal dünn, mal dick, der Frau'n Geschick. Diese Volksweisheit haben wir beide schon mehrfach praktiziert. Leider nicht gleichzeitig. Mal war die eine sehr dünn – dann die andere. Trotzdem haben wir uns natürlich weiterhin getroffen und nicht gewartet, bis die andere auch zehn Kilo zu- oder abgenommen hatte. Deshalb wissen wir natürlich, wie es zehrt, ein Elefant neben einer Gazelle zu sein. Leider nicht an den Kilos. Aber ganz schön an den Nerven. So im direkten Vergleich sieht man ja nicht nur sofort sehr viel dicker aus, als man sich morgens allein vor dem Spiegel noch gefühlt hat. Man kann – was fast schlimmer ist – außerdem neben so einer Gazelle im nächsten Umfeld sein ganzes schönes Ausredenportfolio gleich in die Tonne treten. Zum Bespiel, dass man – im Unterschied zu den anderen – nur ›Kuchen‹ zu denken braucht, um schon wieder zwei Extrakilo auf den Rippen zu haben. Oder dass es nur die schweren Knochen sind, die das Gewicht in die Höhe treiben, und nicht etwa die Pizza Salami, die Chips, das Butterbrot, die Schokomuffins und die Sahnesoßen. Man kann nur schwer ignorieren, dass die Gazelle im Restaurant natürlich nicht die Tortellini alla Panna bestellt, sondern den Salat. Oder dass sie beim Wasser bleibt, während man sich das dritte Glas Grauburgunder bestellt. Eine ständige Aufforderung, etwas zu ändern, und der dauernde Nachweis, dass es geht. Ja, man kann drei Wochen fasten. Klar, man kann auf Brot verzichten, sicher, man braucht nur vor die Tür und jeden Tag ein paar Kilometer joggen. Aber man will es so genau eigentlich gar nicht wissen, und ehrlich – manchmal hassten wir uns gegenseitig natürlich bloß ein winziges bisschen dafür, dass Constanze so konsequent den Brotkorb ignorieren kann und Susanne einfach so wochenlang bloß von Brühe und Kräutertee lebt. Wir können also im Prinzip sehr gut verstehen, wenn Frauen den leichteren Weg gehen und sich am liebsten mit anderen aus derselben Gewichtsklasse umgeben. Zumal eine Studie zu dem Ergebnis kam, dass wir uns ohnehin viel weniger an Fakten orientieren als an den Menschen in unserem Umfeld. Zwei Forschern von den Universitäten Harvard und San Diego verdanken wir die Erkenntnis, dass unsere Selbstwahrnehmung viel mehr von anderen abhängt als von dem, was wir tatsächlich auf die Waage bringen. Wenn da noch jemand ist, der viel mehr wiegt, lehnen wir uns entspannt zurück und denken, ›könnte schlimmer sein‹, und bestellen eben doch das Tiramisu. »Besonders überraschend war, dass der Einfluss von Freunden auf das Gewicht deutlich größer war als der von Blutsverwandten oder Partnern: Wird ein Freund dick, liegt das eigene Risiko, ebenfalls übergewichtig zu werden, bei 57 Prozent«, schreibt Werner Bartens in der SZ zu dieser Studie. Im Vergleich: Nimmt ein Geschwister zu, beträgt die Wahrscheinlichkeit, zuzulegen nur 40 Prozent. Mutiert der Gatte zum Walross, liegt das Risiko der Nachahmung bei 37 Prozent. Obwohl man ja immerhin in demselben Haushalt und aus demselben Kühlschrank lebt. »Wenn jemand dick wird, ändert sich wahrscheinlich in der

engsten Bezugsgruppe die Einschätzung, was als angemesse-
ner Körperumfang gilt. Das Umfeld denkt dann, es sei in Ordnung, dicker zu sein – und diese Wahrnehmung breitet sich
aus«, erklärt Nicolas Christaki, einer der an der Studie beteiligten Forscher, das Phänomen. Man kann offenbar nur froh
sein, wenn Freundinnen sich in BMI-Bereichen bewegen, für
die man noch nicht eine eigene Postleitzahl braucht. Und klar
möchte umgekehrt niemand dauernd daran erinnert werden,
dass man ja etwas tun könnte, um abzunehmen, und wird deshalb mit einem BMI von 28 aufwärts vermutlich eher wenige
Gazellen um sich herum dulden.

Nebenschauplätze

Eine wichtige Freundschaftsqualität ist eben auch, uns gegenseitig Veränderungen zu erlauben. Zu verstehen, dass das kein
Angriff auf das Bestehende ist, auf uns, auf unser Leben. Kurz,
wir sollten nicht mehr so viel persönlich nehmen. Das kann
natürlich anstrengend sein. Niemand möchte dauernd hören
oder vorgeführt bekommen, was er tun sollte und könnte, um
weiterzukommen. Um genau das zu verändern, worüber es
sich bislang so komfortabel jammern ließ, ohne dass man groß
etwas tun musste. Ich verstehe das. Ich jammere auch gern.
Aber ich finde, Freundschaften sollten auch dazu da sein,
einer anderen die Möglichkeiten aufzuzeigen, die sie hat. Und
auch mal zu sagen: »Pass auf, wenn dich dieses oder jenes so
unglücklich macht, helfe ich dir dabei, das zu verändern! Ich
nehme dir abends die Kinder ab, damit du für einen höheren
Abschluss lernen kannst. Ich könnte die Einkäufe für deine
Mutter übernehmen, damit du zum Sport kommst. Oder ich
hole dich jeden zweiten Morgen zum Joggen ab. Und wenn du
nicht da bist, kostet dich das leider ein Essen. Und zwar nicht

in der Stehpizzeria, sondern beim Edelitaliener.« Wir könnten sagen: »Trenn dich von Klaus!‹«, anstatt so verbissen für den Fortbestand dieser unglücklichen Beziehung zu plädieren. Nur damit wir uns für unsere eigene nicht eingestehen müssen, dass auch die eigentlich längst am Ende ist. »Frauen sind der Frauen größte Feinde«, hat Bertolt Brecht einmal geschrieben. Da ist was dran. Weil wir uns oft gegenseitig so furchtbar ausbremsen und uns auf Nebenschauplätzen verzetteln. Ist doch egal, wer die besten Muffins backen kann. Hören wir doch auf, darüber herzuziehen, wenn eine sie im Supermarkt kauft. Respektieren wir einfach, dass andere Frauen es anders machen als wir und dass das nicht nur vollkommen in Ordnung, sondern auch ziemlich spannend ist. Gestatten wir uns die schöne Vielfalt, anstatt sie zu ahnden. Vielleicht auch mit dem Wissen, das die kalifornische Psychologin Gloria Cowan zum Thema beigetragen hat. In ihrer Studie »Women's hostility toward women« – Die Feindschaft der Frauen Frauen gegenüber – ging sie der Frage nach, welche Frauen besonders dazu neigen, anderen Frauen feindselig zu begegnen. Sie kam zu dem Ergebnis, »dass Frauen, die sich gegenüber anderen Frauen feindselig verhalten, ein schwächer ausgeprägtes Selbstwertgefühl und ein geringeres Vertrauen in die eigenen Fähigkeiten haben. Darüber hinaus sind sie weniger optimistisch, haben eine geringere Lebenszufriedenheit und machen sich mehr Sorgen um ihr Aussehen als Frauen, die sich nicht ablehnend gegenüber anderen Frauen verhalten.« Gloria Cowan fand außerdem, dass vor allem Frauen, die sich von Männern emotional abhängig fühlen, zu größeren gleichgeschlechtlichen Animositäten neigen. Das nächste Mal, wenn mir eine etwa sagt: »Muss das denn sein? Frauenquote in den Vorständen? Ist es nicht mal langsam genug mit der Emanzipation?«, werde ich deshalb einfach antworten: »Dafür wird dein Mann dich kein Stück mehr lieben, und es wird ihn auch nicht daran hindern, dich für eine andere zu verlassen. Das nur mal so als Info!« Man soll ja Konflikte und Differenzen immer direkt ansprechen. Besonders als Frau und nicht nur, wenn es Freundschaft sein soll.

Fragen
an die Freundschaft

Meine Freundin spart seit einem halben Jahr auf neue Brüste. Ich finde ihre alten sehr manierlich. Ich fürchte auch, dass sie viel zu kritisch mit sich ist und diese Maßnahme ihre Komplexe nur noch weiter befeuern wird ...

Zunächst einmal sind es ihre Brüste. Jede von uns hat ja ihre Privatbaustelle, und deshalb wissen wir auch, wie wenig es einen weiterbringt, wenn Freundinnen sagen: Nein, deine Nase ist nicht zu groß! Oder die Falten stehen dir prima! Oder der Richtige wird dich auch mit Schlupflidern vergöttern. Ach was: wegen deiner Schlupflider! Natürlich darf man eine Meinung haben. Aber man sollte auch die Befindlichkeit der anderen respektieren. Und selbstverständlich muss man begeistert »geile Titten« sagen, wenn die Freundin ihre Neuen erstmalig präsentiert.

Kapitel 9

Beim Geld hört die Freundschaft auf – oder auch nicht

»Jeder will mit dir in der Limousine fahren,
aber du willst jemanden, der mit dir den Bus nimmt,
wenn die Limousine kaputt ist.«
Oprah Winfrey

Haste mal 'nen Euro?

Sabine war eine gute Freundin. Wir kannten uns vom Sport, und aus dem gemeinsamen Bahnenziehen im Schwimmbad wurde im Laufe der Jahre eine richtig gute Freundschaft. Sabine ist alleinerziehend und immer ein bisschen knapp bei Kasse. Ab und an habe ich ihr Klamotten von mir geschenkt und sie überproportional häufiger zum Essen eingeladen. Eigentlich, bei genauer Betrachtung, habe ich immer gezahlt. Alles kein Problem, ich habe mehr als sie und finde das selbstverständlich. Insgesamt war Geld also nie ein Thema bei uns. Bis ich eines Tages einen sehr aufgeregten Anruf von ihr erhielt. Sie bräuchte dringend 5000 Euro. Jetzt sofort. Möglichst in bar. Sie stammelte etwas von Mietrückständen, gesperrten Telefonanschlüssen, Ärger mit dem Stromanbieter. 5000 Euro sind eine Menge Geld. Ja, auch für mich. Schriftsteller sind nicht per se Millionäre. Ich will beileibe nicht jammern, es geht mir gut, aber Reservepolster ohne Ende habe ich nicht. »Bitte«, sagte Sabine. Ich fragte mich kurz, warum sie nicht ihre langjährige Freundin Kim fragt, die irre reich ist, jedenfalls mit Sicherheit sehr viel wohlhabender als ich. Dann dachte ich mir, dass sie ihre Gründe dafür haben wird, und unterließ die Frage. Ich checkte mein Konto und sagte spontan: okay. »In einer halben Stunde bei deiner Bank?«, erkundigte sie sich. Es schien also wirklich sehr eilig zu sein. Ich war eigentlich anderweitig beschäftigt und wollte sie auf den nächsten Tag vertrösten. »Morgen kann zu spät sein!«, antwortete sie, und ich hörte die Verzweiflung in ihrer Stimme. »In einer Stunde bin ich da!«, versprach ich ihr. Sie ist meine Freundin. Sie würde mich ja nicht fragen, wenn sie eine andere Lösung wüsste. Vielleicht vertraut sie nur mir so sehr, dass sie sich überhaupt zu fragen traut. Oder sie hat alle anderen schon angepumpt, schoss es mir durch den Kopf.

So oder so, eine derartige Bitte muss sehr viel Überwindung kosten. Ich jedenfalls täte mich sehr schwer damit. Ich rief meine beste Freundin an und erzählte ihr von Sabines Anruf. »Mach einen Vertrag!«, riet sie mir. »Ist das nicht schon eine Form des Misstrauensvotums?«, wagte ich einen Einwand. »Kann man so oder so sehen, es ist in erster Linie eine Vereinbarung!«, antwortete sie mit einem gewissen Pragmatismus, »Wann gibt sie dir das Geld zurück? Zahlt sie Zinsen?«. All das hatten wir nicht besprochen, musste ich gestehen. Zum einen wegen der Eile, zum anderen, weil mir solche Fragen peinlich sind. Und das, obwohl ich ja nicht die war, die sich das Geld leihen wollte.

Brav stand ich eine Stunde später mit einem fetten Bündel Bargeld im Briefumschlag vor meiner Bank. Sabine war sehr erleichtert und hatte einen Zettel dabei. Eine Art rudimentären Vertrag. Sie unterschrieb, dass sie sich die Summe bei mir geliehen hat und sie baldmöglichst zurückzahlen wird. Das wiederum erleichterte mich. Ich musste nicht nach einem Vertrag fragen. Gut, ein wenig genauere Zeitangaben über die Rückzahlung hätten mich schon beruhigt, aber sie würde ihr

Bestes geben, davon war ich überzeugt. »Ich muss in drei Monaten Steuern zahlen, es wäre toll, wenn ich es dann hätte«, sagte ich ein wenig kleinlaut. Es war mir unangenehm, ihr klarzumachen, dass ich das Geld wiederhaben will. Ich wäre gern in der Lage, einfach großherzig sagen zu können: »Lass stecken. Ist kein Problem.« Leider kann ich mir diese Großzügigkeit nicht leisten. Das versuchte ich, ihr zu erklären. Ich startete einen kleinen Rechtfertigungsmonolog. Zwei Kinder, Steuern und hohe Fixkosten. Während ich es tat, merkte ich, wie bekloppt das war. Ich lieh ihr das Geld. Innerhalb einer Stunde hatte ich es ihr gegeben. Man muss nicht begründen, dass man 5000 Euro irgendwann gerne wiedersehen würde. Vor allem nicht, wenn man wie ich dafür auch arbeiten muss. Aber selbst wenn nicht? Müsste man es dann einfach hergeben? Nur weil man es nicht selbst verdient hat?

Sie bedankte sich und war weg. Und mit ihr die 5000 Euro. Natürlich hatten wir weiter Kontakt. Gingen schwimmen. Redeten – über alles, außer über das Geld. Die Monate gingen ins Land. Sie erwähnte die 5000 Euro nicht. Sie standen zwischen uns wie der berüchtigte rosa Elefant, den niemand sehen will, der aber doch immer da ist. Wenn sie ein neues Kleid trug, rumorte es in mir. Sollte sie nicht zuerst mal ihre Schulden bei mir begleichen? Ich mochte diese Gedanken an mir nicht und kam mir kleinlich vor. Das ist ein Kleid von Zara, sagte ich mir, kein Designerfummel. Trotzdem. Auch ihr Wochenende am Meer, das ich ihr eigentlich von Herzen gönnen sollte, lag mir auf dem Magen. Finanzierte sie das mit meinem Geld? Ich hatte ein blödes Gefühl und mochte sie nicht darauf ansprechen. Am Ende tat ich es doch. Ich ließ den Wochenendtrip unerwähnt und erbat nur die Rückgabe meines Geldes. Das Finanzamt wollte nicht länger warten. Die Steuern riefen. Sie gab mir, nachdem ich sie mehrfach darauf angesprochen hatte, 1500 Euro. Nach einem halben Jahr Hinterherlaufen und

Erinnern hatte ich schließlich die gesamte Summe wieder. In mehreren Raten. Aber unsere Rollen hatten sich verändert. Ich war zur Bittstellerin geworden. Gleichzeitig fühlte ich mich geizig, obwohl ich das Geld momentan wirklich brauchte. Sie schien genervt, dass ich so hartnäckig nach meinem Geld fragte. Ich war latent beleidigt, dass sie mir nicht zumindest einen Strauß Blumen zum Dank schenkte. Eine kleine Geste. Ich erwartete keine Zinsen, aber irgendeine Form des Dankes hätte mir gutgetan. Die Lage war vertrackt.

Inzwischen denke ich, dass es ihr einfach unglaublich unangenehm gewesen ist. Das verstehe ich auch irgendwie. Unsere Freundschaft hatte sich wieder erholt. Dachte ich jedenfalls. Wir sahen uns regelmäßig. Dann hatte sie Geburtstag, es war ihr Fünfzigster, und ich war nicht eingeladen. Zunächst dachte ich, dass das nur ein Versehen sei. Anderen Freunden, die auf ihrer Party waren, erklärte sie auf Nachfrage, wo ich denn sei, sie feiere nur im kleinen Kreis, nur mit ihren engsten Freunden. Ich musste schlucken. Seit Jahren luden wir uns gegenseitig ein. Und jetzt das. Ich gratulierte ihr zum Geburtstag – per WhatsApp. Ich konnte mich einfach nicht aufraffen, sie anzurufen, hatte Angst, dass man mein Beleidigtsein hört. Ich schrieb ihr, dass ich ein wenig überrascht sei, nicht zu ihrem engen Kreis zu zählen. Aber das wäre ja ihre und nicht meine Entscheidung. Sie, die rund um die Uhr online ist, antwortete mir mit über einer Woche Verzögerung. Das hätte nichts mit mir zu tun, ich solle das nicht persönlich nehmen! Hä? Wie denn sonst?

Das ist nun mehr als ein Jahr her. Ab und an likt sie etwas auf Instagram bei mir, ansonsten habe ich sie weder gesehen noch etwas von ihr gehört. Schade um eine gute Freundschaft. War es das Geld? Ich weiß es nicht. Ich glaube aber, das Thema Geld hat zumindest eine Art Ungleichgewicht in unsere Beziehung gebracht.

Neulich hat sie sich tatsächlich mit einer Nachricht gemeldet. Einfach so. Als wäre das Jahr dazwischen nicht gewesen. Keine Entschuldigung, nichts. Diesmal habe ich ein paar Tage mit der Antwort gewartet. Ich habe irgendwie ein komisches Gefühl. Will sie sich wieder etwas leihen? Oder vermisst sie mich einfach so? Ich bin und bleibe eher verhalten. Kann nicht so tun, als wäre nichts gewesen. Bin ich zu nachtragend? Sollte ich nicht allein die Nachricht als Entschuldigung werten? Sehen, dass sie über ihren Schatten gesprungen ist? Sehen, dass es auch auf ihrer Seite sicherlich keine leichte Situation war? Wie sehr hat sie mir gefehlt? Kann ich all das vergessen? Ich weiß es noch nicht. Ich bin vorsichtig geworden. Schade.

Und sie hat nein gesagt ...

Geld zu verleihen ist schwierig. Geld nicht zu verleihen auch. Ein früherer guter Bekannter – ebenfalls Autor – war zu Gast in meiner Sendung beim MDR. Wir sprachen nett über alte Zeiten, ich habe nach Kräften sein Buch promotet, und wir fuhren gemeinsam im Zug nach Hause. In der Bahn lud er mich zum Essen ein, hatte aber dann, als es ans Bezahlen ging, leider nicht genug Bargeld. Kann ja mal passieren. Ich zahlte, noch frei von jedem Argwohn. Ich wusste aus anderen Quellen, dass es bei ihm gerade nicht besonders gut lief, mit ein Grund, warum ich ihn in meine Sendung eingeladen hatte. In seinen Schilderungen klang das aber anders. Verfilmungen stünden an, riesige Projekte, neue Buchverträge, große Freundschaften und Pläne mit sehr berühmten Autoren – da wäre einiges in der Pipeline. Er stieg ziemlich hoch ein, protzte ganz schön rum. Ich freute mich für ihn. Er ist ein netter Kerl. Kurz vor dem Frankfurter Hauptbahnhof ließ er auf den letzten Metern dann die Katze aus dem Sack. Ob ich ihm, quasi zur Überbrückung, bis das ganz große Geld kommt, und es käme ja ganz sicher, mal 10 000 Euro leihen könnte? Ich war fassungslos, die ganze Situation war mir extrem unangenehm. Wäre ich in dieser Situation, wäre er sicher niemand, der mir als potenzieller Kreditgeber in den Sinn käme. Wie kommt er auf die Idee, mich zu fragen? Immerhin ist er aus meiner Branche, weiß also, dass die Einkünfte auch von einigermaßen erfolgreichen Schriftstellern lange nicht so hoch sind, wie die Welt da draußen mutmaßt. Und vor allem sehr unregelmäßig. Außerdem haben wir uns Jahre, sogar Jahrzehnte nicht gesehen, nicht mal telefoniert. Wir waren vor 25 Jahren mal ganz gute Bekannte, allerdings nie engste Freunde. Wenn er mich fragt, hat er mit Sicherheit alle anderen schon durch. Freunde, Familie und Co. Anders kann ich mir sein Ansinnen nicht erklären. Ich finde es ausgesprochen gewagt, einerseits, andererseits: Wie verzweifelt muss man sein, um das zu tun? Ich lehnte nicht direkt ab, bat ihn aber um Bedenkzeit: »Ich kann das nicht so spontan entscheiden, lass mich darüber nachdenken! Das ist sehr viel Geld!« Zu Hause angekommen, telefonierte ich mit einer Freundin, die seine Ex kennt. Ich zog Erkundigungen ein. Forschte nach. Aber alles, was ich hörte, machte mich mehr als skeptisch. Er sei überall verschuldet und lebe dennoch auf reichlich großem Fuß. Immer ganz eng gestrickt. Immer auf Pump. Meine Entscheidung stand fest. Ich würde ihm nichts leihen. Obwohl er nett ist. Obwohl er mir auch leidtut. Ginge es um 100 Euro, wäre es okay. Aber 10 000 Euro zu verleihen und zu wissen, dass man sie eigentlich verschenkt, kann und will ich mir nicht leisten. Das würde ich für meine beste Freundin tun. Für den Mann an meiner Seite. Für Familie selbstverständlich. Aber für einen Bekannten von früher? Wieder rechtfertigte ich mich vor mir selbst. Aber je länger ich darüber nachdachte, umso unverschämter und abgebrühter fand ich seine Frage. Ich war gespannt, ob er abwarten oder nachhaken würde. Er hakte nach und fragte, ob es klargehen würde. Ich nahm all meinen Mut zusammen und sagte nein. So entschieden, wie ich nur konnte. Ohne jeden Verhandlungsspielraum. Bisher hatte ich mich immer als großzügige Person wahrgenommen. Jetzt fühlte ich mich geizig. Ich weiß, dass es jemandem schlecht geht, dass er verzweifelt sein muss, und trotzdem helfe ich nicht. Vielleicht auch, weil ich fand, dass er seine Lage ohne die große Angeberei von Film- und Buchverträgen hätte schildern können. Einfach ehrlich. Das volle Ausmaß seines finanziellen Debakels. Aber vielleicht wollte er mir auch nur klarmachen, dass da demnächst ein warmer üppiger Geldregen ins Haus stand und ich somit keinerlei finanzielles Risiko eingehen würde. Er nahm die Absage sportlich. Es wird wohl nicht die erste gewesen sein, die er sich anhören musste. Er versuchte nur kurz, mich zu überreden, ich wand mich, blieb aber bei meinem Nein. Als wir das Gespräch beendeten, war ich froh. Auch wenn er mir immer noch leidtat. Es musste ein Scheißgefühl sein, Leute so anbetteln zu müssen.

Geld verleihen ist also immer schwierig. Oft genug muss man danach seinem Geld hinterherlaufen und ärgert sich. Andererseits könnte es ja sein, dass man auch mal dringend welches braucht, und da wäre es toll, wenn jemand ohne viel Umstände einfach ja sagt. Hilft, ohne Vorträge darüber zu halten, wie man besser wirtschaften sollte. Ohne Belehrung. Einfach nur fragt: »Wie viel brauchst du?« Geld zu verleihen kann durchaus auch eine gute Erfahrung sein. Wenn man merkt, jemand bemüht sich, Vereinbarungen einzuhalten. Jemandem aus dem Freundesumfeld Geld zu leihen ist eben auch ein großer Vertrauensbeweis.

Experten zum Thema Geld raten, immer nur so viel zu verleihen, wie man im Notfall auch verschenken könnte. Außerdem empfehlen sie Verträge. Klare Absprachen und Regeln. Wann wird wie viel zurückgezahlt? Ratenzahlung oder Einmalzahlung? Was ist mit Zinsen? Was ist im Notfall, wenn der Gläubiger selbst auf einmal dringend Geld braucht? Klare Regeln, so die Fachkräfte, machen alles leichter. Für beide Seiten. Man kennt die Spielregeln. Abgeraten wird allerdings davon, Menschen Geld zu leihen, die schon überall haushoch in der Kreide stehen. Jedenfalls wenn man es wiederhaben will. Da ist ein deutliches Nein angebracht, egal, wie unangenehm einem das ist. Auch bei Freunden. Helfen kann man manchmal auch anders. Finanzplanungsunterstützung oder auch ein gemeinsamer Gang zur Schuldnerberatung könnten ein hilfreicher Weg sein.

Finanzausgleich

Selbst ohne Geld zu verleihen: Das Monetäre kann heikel sein in Freundschaften. Niemand spricht gerne über Geld. Da geht man zusammen essen und teilt die Rechnung. Ganz automatisch. Und da ist die eine in der Runde, die nie etwas trinkt und beim Bezahlen von Mal zu Mal schmallippiger wird. Im Gegensatz zum Rest. Das heißt, die Wassertrinkerin zahlt immer Wein, Bier, Prosecco und den ein oder anderen Aperol Spritz mit. Es geht nicht um riesige Summen, aber im Laufe der Zeit kommt da ganz schön was zusammen. Sollte man das nicht ansprechen? Oder ist das peinlich? Am schlausten wäre es, wenn eine der Weintrinkerinnen auf die Idee kommt und nachfragt oder man es offen in der Runde bespricht: »Sag mal, ist das nicht blöd für dich, die Rechnung zu teilen, wenn du damit unseren Alkoholismus mitfinanzierst?« Dann kann die Wassertrinkerin darauf verweisen, dass sie verdammt oft das teure Steak isst, während der Rest zumeist nur einen Salat mit der obligatorischen gebratenen Putenbrust verzehrt. Und außerdem: Ist eine der vier nicht auch Vegetarierin? Ist ihr Essen nicht immer sehr viel günstiger? Schließlich hat sie ja nur Grünzeug und keinerlei Fleisch oder Fisch. Was ist da im Vergleich so ein Gläschen Wein?

Auch wenn es sich oft irgendwie ausgleicht und man ja auch nicht auf den Cent genau gleich rauskommen muss, wenn es einen stört, muss man es ansprechen. Klar und deutlich. Wenn man Rechnungen nicht teilen will, sollte man es sagen. Auch wenn man ahnt, dass die anderen es lächerlich finden. Kleinkariert. Tut man es nicht, bleibt es einem auf ewig im Gemüt hängen und vergiftet auf Dauer jedes Treffen. Besser einmal eine kurze Irritation als ein ewiges Fegefeuer des Haderns.

Und dann gibt es da die, die immer zufällig gerade ihr Portemonnaie vergessen haben. Oder immer nur einen großen Schein haben, den leider niemand wechseln kann. Oder ausgerechnet dann nur die Kreditkarte dabeihaben, wenn man irgendwo zusammensitzt, wo man nur bar bezahlen kann. Da heißt es offensiv werden. Sagen: Heute bezahlst du mal! Egal womit.

Lena hat ein anderes Problem mit dem leidigen Geld. Einmal im Jahr fährt sie in alter Freundinnenbesetzung für ein langes Wochenende weg. Lena ist in der vierköpfigen Gruppe die mit dem geringsten Einkommen. Sie ist alleinerziehend, bekommt vom Ex kaum Unterhalt und wurschtelt sich seit Jahren relativ erfolgreich durch. Große Ersparnisse hat sie nicht, aber sie kann mit ihrem kleinen Budget erstaunlich gut wirtschaften und schafft es, dass nie jemand wirklich merkt, wie knapp es bei ihr oft ist. Lena will kein Mitleid. Renate hingegen geht es mehr als gut. Sie muss nicht auf Geld achten und kann sich überhaupt nicht vorstellen, ihren Luxuskörper mal anders als in einer Fünf-Sterne-Herberge zu betten. Auch nicht für das Freundinnenwochenende. Lena bereitet schon die Planung jedes Mal ziemliche Kopfschmerzen. »Ich kann es mir nicht erlauben, mein Wochenbudget für mich und meine

Kleine an einem einzigen Wochenende nur für die Übernachtung rauszuhauen. Ich meine, mal ehrlich, da haben wir noch nicht gegessen und getrunken, und das kostet in so einem Nobelschuppen ja auch einen Arsch voll Geld. Ich kann mir das einfach nicht leisten.« Aber so offen sagen will sie es auch nicht. Lena will sich nicht die Blöße geben und den anderen das Wochenende nicht versauen. Da spart sie sich diese Extraausgaben lieber vom Mund ab. Als wäre es für Renate nicht zumutbar, sich mal für zwei Tage ein bisschen weniger komfortabel abzulegen. Fast so, als gäbe es unter Fünf-Sterne-Tempeln nur noch Wellblechhütten mit Strohmatten. Lena ahnt, dass Renate sie vielleicht sogar einladen würde, wenn sie um ihr Dilemma wüsste. Aber auch das wäre ihr nicht recht. Das hätte für sie etwas von Almosen, und dafür ist sie zu stolz. Außerdem: Wer sich einladen lässt, darf sich nicht beschweren. Muss dankbar sein. Und ganz kleinlaut. Darauf hat Lena keine Lust. Sie will die gleichberechtigte Freundin sein und grämt sich, dass das blöde Geld ihr einen Strich durch die Rechnung macht. Das Resultat: Sie ärgert sich über Renate, die sie eigentlich unglaublich gern mag. Wirft ihr insgeheim vor, eine richtige Taunustussi zu sein, eine, die nicht weiß, wohin mit der Kohle. Dabei hat Renate nur einfach nie darüber nachgedacht, in ihrem Geldkosmos gibt es solche Lena-Probleme nicht. Sie bewegt sich in einer Szene, in der Geldknappheit im Alltag nicht existiert. Da reicht es eventuell mal nicht für ein zweites, drittes oder viertes Louis-Vuitton-Täschchen, aber mehr finanzielle Einschränkungen gibt es nicht. Würde man sie ansprechen und einfach sagen, was los ist, hätte sie vielleicht durchaus Verständnis. Vielleicht müsste Lena nur mal ihren Stolz runterschlucken und fragen, ob es für zwei Tage nicht auch mal eine Nummer kleiner geht. Ob Renate nicht auch mal einen Tick downgraden kann. Ob eine hübsche Ferienwohnung für alle gemeinsam nicht auch eine Möglichkeit wäre. Sprechen ist das Zaubermittel – wie in vielen Lebenssituationen. Denn hellsehen können die wenigsten von uns, nicht mal Freundinnen. Und manche haben eben feinere Antennen als andere. Ja, so ein Gespräch kann unangenehm sein. Zu sagen, dass man bei etwas nicht mithalten kann, ist eine Form des Eingeständnisses. Aber nicht darüber zu reden, macht die Lage auch nicht besser. Im Gegenteil. Es ist verdammt anstrengend, immer so zu tun, als wäre alles gar kein Problem. Und mitunter ist es auch so, dass es anderen ganz ähnlich geht und sie sich ebenso wenig trauen.

Eins ist klar: Über Geld zu reden ist unglaublich verpönt. Oft auch unter Freunden. Viel zu haben kann auch unangenehm sein. Die mit dem vielen Geld haben es schwer, deutlich zu machen, dass es auch ihnen einmal schlecht gehen kann, und haben oft das Gefühl, man sei nur mit ihnen befreundet, weil sie so viel Geld haben. Würden nur deshalb ihre Gesellschaft suchen. So als könnte der schnöde Mammon abfärben. Je mehr man sich in diese Vermutung reinsteigert, umso häufiger findet man Belege für seine eigenen gewagten Thesen. *Self-fulfilling prophecy* eben. Wollen Freundinnen nur deshalb Freundinnen sein, weil sie gerne im Dunstkreis des Geldes unterwegs sind? Oder liegt das Problem bei einem selbst, weil man denkt, außer dem Geld habe man ja nicht wirklich viel zu bieten?

Hat man sehr viel weniger finanzielle Möglichkeiten als das soziale Umfeld, fühlt man sich schnell unterlegen. Und dieses Gefühl, das ja eigentlich rein monetär begründet ist, wird oft genug schon durch Kleinigkeiten befeuert. Muss es samstagvormittags immer zum Frühstücksbrunch ins Restaurant gehen? Müssen gemeinsame Unternehmungen immer auch Geld kosten? Geht es nicht auch mal eine Nummer kleiner? Haben die anderen eigentlich keine Ahnung, wie klamm ich bin? Sollten wahre Freundinnen nicht wissen, wie es steht? Wenn sie es gerne exklusiv haben, sollen sie gefälligst auch zahlen. Man kann sich vortrefflich ins Geldthema reinsteigern. Bei Michaela war das genau so: »Immer, immer waren unsere Treffen mit Geld ausgeben verbunden. Nie sind wir einfach mal durch den Wald geschlendert. Frische Luft gibt's ja für lau, und reden kann man beim Spazierengehen auch. Dafür ging's oft durch die Stadt, wo Vera und Karin dann ausgiebig geshoppt haben. Ich stand dabei. Wie die arme Verwandte, die aber gerne als Beratung fungieren darf. Manchmal hat mir eine der beiden dann ein Oberteil hingehalten und gesagt ›das wäre doch super für dich! Die Farbe steht dir so gut!‹. Ich habe mich immer rausgeredet. Nach dem Motto, mein Schrank ist voll, ich habe genug Klamotten, ich glaube, das ist nicht mein Style. Zu sagen, dieser Laden hier entspricht aber so was von nicht meinem Preissegment, habe ich mich irgendwie nicht getraut. Es war mir zu blöd. Ich meine, die beiden wissen doch, was ich arbeite und können sich ausmalen, was ich verdiene. Ich komme gerade so über die Runden, und schon deshalb waren diese Kaufvorschläge für mich fast ein Affront. Was denken die sich? Denken die überhaupt was? Irgendwann bin ich samstags nicht mehr mit in die Stadt. Das wollte ich mir nicht mehr geben. Seit einer Weile sehen wir uns kaum noch. Die beiden sind einfach auf einem anderen Planeten zu Hause. Unsere Freundschaft hat sich irgendwie erledigt.«

Aber bis heute wissen die Freundinnen nicht, warum sich Michaela abgewendet hat. Wir beichten einander die intimsten Sachen. Reden über unser Sexleben, unsere Süchte, unsere geheimsten Gedanken – aber beim Geld hört es mit der Gesprächigkeit auf. Geld ist und bleibt das größte Tabuthema überhaupt. Wir hören von Marianne, dass sie im heimischen Ehebett gerne gefesselt wird, haben aber nicht den Hauch einer Idee, wie viel sie verdient. Über das Gehalt zu reden oder danach zu fragen gilt als vermessen. Noch immer gibt es Ehe-

frauen, die nicht wissen, was ihr Mann verdient. Gelddifferen-
zen führen zu Eifersucht, Scham, Neid und Missgunst. Alles
Faktoren, die man in einer engen Freundschaft eigentlich nicht
will. Mit »Geld haben« wird Ansehen assoziiert. In 62 Prozent
aller Beziehungen kracht es laut Umfragen wegen des leidigen
Mammons. Weil Geld eben auch in Teilen bestimmt, welchen
Aktionsradius man im Leben hat. Letztlich gibt es nur einen
Ausweg: darüber reden. Sensibel sein. Darauf achten, dass andere nicht in die Rolle des Bittstellers geraten. Nicht rumprot-
zen. Und großzügig sein. Das ist immer gut. Auch fürs Karma.

Kapitel 10

Freundschaftsanfragen

»Wer einen Freund ohne Fehler sucht, bleibt ohne Freund.«
Türkisches Sprichwort

Lonesome Cowgirls

Ach, wäre es im echten Leben doch so leicht wie auf Facebook. Man drückt einen Knopf, und schon ist sie raus – die Freundschaftsanfrage. Dann muss die Gegenseite nur auf Bestätigen drücken, und damit ist die Sache besiegelt. Man ist befreundet. Schnell und ohne großes Procedere. Kein langwieriges Beschnuppern, kein Kaffeetrinken, kein Ausgehen, einfach nur klick, und fertig ist die Freundschaft.

Es gibt Leute, die sich auch im echten Leben, jenseits von Facebook und Instagram, ebenso leichttun. Die wie von Zauberhand nur das Haus verlassen müssen und ständig neue Menschen kennenlernen, die alle nichts lieber wollen, als sich dauerhaft eng anzufreunden. Was haben diese Leute an sich? Was braucht es, um Freunde zu finden? Geht das ab einem gewissen Alter überhaupt noch? Oder ist das eine Fähigkeit, die irgendwann erlischt?

Martina findet allein die Frage unsinnig: »Freunde finden ist wie Atmen. Das passiert einfach. En passant. Ich lerne so oft neue Leute kennen. Und wenn ich sie sehr mag, werden sie dann auch meine Freunde.« Als ich einer anderen Freundin, ihres Zeichens Psychologin, davon erzähle, findet sie Martinas Haltung »sauarrogant«. Für manche Menschen sei die Freundinnensuche ein nahezu aussichtsloses Unterfangen. Ihre Praxis sei voll mit Leuten, die an der angeblich so leichten Aufgabe seit Jahren scheitern. »Einsamkeit ist so weit verbreitet, das könnt ihr euch gar nicht vorstellen.«

Studien unterstützen ihre Aussage. Die sogenannte Einsamkeitsquote ist in den letzten Jahren um 15 Prozent gestiegen. 9,2 Prozent der 45- bis 85-Jährigen fühlen sich einsam. Wer glaubt, dass sich die Einsamkeit vor allem unter älteren Menschen breitmacht, täuscht sich. 2017 ergab eine Studie in Großbritannien, dass sich ein Drittel aller 16- bis 24-Jährigen oft oder immer einsam fühlt. Professor Stephen Houghton von der University of Western Australia prophezeit, dass Einsamkeit im Jahre 2030 epidemische Ausmaße annehmen wird.

Einsamkeit sagt die Wissenschaft, ist so schädlich wie das tägliche Rauchen von 15 Zigaretten. Durch Einsamkeit wächst die Gefahr, an Diabetes, Bluthochdruck, Fettleibigkeit, Alzheimer und sogar Krebs zu erkranken. Der Neurowissenschaftler Manfred Spitzer geht noch weiter, wie der Titel seines Buches zeigt: *Einsamkeit – die unerkannte Krankheit. Schmerzhaft, ansteckend, tödlich.*

Allein ist man oftmals freiwillig, man sucht die Ruhe, möchte eine Zeitlang für sich sein; freiwillig einsam ist man so gut wie nie. Alleinsein bezeichnet zumeist eine räumliche Trennung, die physische Abwesenheit von Freunden, von anderen Menschen; Einsamkeit meint hingegen zusätzlich einen inneren Schmerz und wird gleichgesetzt mit sozialer Isolation. Einsam zu sein ist quälend und gleichzeitig ein Stigma. Einsam sein macht oft noch einsamer, denn niemand will sich mit einsamen Menschen umgeben. Fast so, als wäre Einsamkeit ansteckend. Menschen, die sich im Umfeld von Einsamen bewegen, können durch deren Negativität in eine Art Einsamkeitsstrudel hineingerissen werden. Eine US-Studie unter Leitung des Psychologen John T. Cacioppo von der University of Chicago belegt diese Ansteckungsgefahr: Wenn jemand sich einsam fühlte, passierte es in mehr als der Hälfte der Fälle, dass ein enger Freund oder ein Familienangehöriger sich innerhalb von zwei Jahren ebenfalls einsam fühlte. Frauen neigen übrigens eher dazu, die Einsamkeit anderer zu übernehmen. Einsam macht – laut dieser Studie – eher das Fehlen von Freunden als zu wenig familiäre Kontakte.

Einsamkeit wird oft als dunkel und kalt beschrieben, und das Verrückte: Einsame Menschen frieren tatsächlich schneller. In einem Experiment teilte man die Teilnehmer in zwei Gruppen auf. Die einen waren bei einem Spiel beliebt, die anderen nicht. Nach dem Spiel wurden beide Gruppen gefragt, was sie gern trinken würden. Die Gruppe der Unbeliebten wählte im Gegensatz zu den anderen Kaffee oder Suppe, die einzigen möglichen heißen Getränke. Die Beliebten trugen ihre Wärme in sich, sie brauchten keine Heißgetränke. Ihnen gab die Freundschaft Wärme und Trost.

Notausgang

Wie kommt es, dass in Zeiten unzähliger Kontaktaufnahme-möglichkeiten (Social Media, Dating Apps, Smartphones etc.) das Gefühl von Einsamkeit stetig wächst? So stark, dass sich die Briten schon seit 2018 mit einem Ministerium gegen Einsamkeit um das Problem kümmern? Früher haben die Menschen in größeren Familienverbänden zusammengelebt. Mehr Menschen haben sich in Vereinen oder in der Politik engagiert und ehrenamtlich gearbeitet. Unser heutiger Lebensstil lässt Einsamkeit exorbitant wachsen. Wohnortwechsel und Singlehaushalte tragen mit Sicherheit dazu bei. Kurze Phasen der Einsamkeit kommen vor, sobald man aber das Gefühl hat, dass die Einsamkeit die Regie im Leben übernimmt, heißt es Obacht geben.

Freundschaften sind ein obligates Mittel gegen Einsamkeit. Freunde retten uns aus der Einsamkeit, so die Hoffnung. Genau dieser Anspruch, dieser Wunsch, ist es aber auch, der dem Finden von Freunden oft genug im Weg steht. Wer zu viel erwartet, wird schnell wieder enttäuscht. Da ist es mit dem Freundefinden nicht anders als mit der Suche nach der großen Liebe. Wir wollen alles, und weil alles selten in einer Person zu finden ist, ist die Enttäuschung oft vorprogrammiert. Den perfekten Freund gibt es ebenso wenig wie den perfekten Partner. Schon weil das, was man perfekt findet, eben nicht immer mit dem der anderen übereinstimmt.

Helene weiß sehr genau, was sie von ihrer besten Freundin erwartet. Ihrer potenziellen Allerliebsten. »Sie müsste immer für mich da sein. Egal zu welcher Tages- und Nachtzeit. Und sie müsste genauso ticken wie ich. Eine Seelenverwandte eben.« Lernt Helene jemanden kennen, wird sofort abgecheckt, ob die Neue all das erfüllt. Gibt es auch nur minimale Diskrepanzen, zieht sich Helene sofort zurück. Sie will die einzig wahre und perfekte Freundin. Hopp oder top – dazwischen gibt es für Helene nichts. »Ich muss so viele Kompromisse im Leben eingehen, da will ich das im Privaten auf keinen Fall.« Dass ihre mangelnde Kompromissbereitschaft dafür sorgt, dass sie verdammt viel allein ist, sieht Helene nicht. Sie hat einfach hohe Ansprüche, und sie findet, die stünden ihr auch zu. Dass andere von so viel »Wollen« eher abgeschreckt werden könnten, sieht sie nicht.

Was also tun, wenn man sich einsam fühlt?

Es bringt wenig, zu Hause zu bleiben, sich ausgiebig in seiner Einsamkeit zu suhlen und den Zustand dadurch weiter zu zementieren. Ein erster Schritt könnte sein, einfach rauszugehen und sich vorzunehmen, mit mindestens drei Menschen pro Tag zu sprechen. Egal ob an der Bushaltestelle, im Supermarkt oder beim Arbeiten. Kontakt finden. Kontakt aufnehmen.

Das Internet kann eine feine Sache sein, aber das Leben sollte nicht dort stattfinden. Stattdessen empfiehlt es sich zu schauen, wo man auf andere Menschen, im besten Fall Gleichgesinnte, treffen könnte. Jegliche Form von ehrenamtlichem Engagement scheint dafür eine gute Möglichkeit. Vielleicht braucht die Tafel bei Ihnen in der Nähe Unterstützung, die Obdachlosenhilfe, das Tierheim, die alte Nachbarin gegenüber oder die Flüchtlinge in der Notunterkunft im Stadtteil. Es gibt unglaublich viele Organisationen, die sich über zupackende Freiwillige freuen. Der Hilfegedanke eint, und man hat sofort auch etwas zu reden, während man gemeinsam anpackt. Davon abgesehen weiß man, dass Gutes tun nicht nur den Bedürftigen hilft, sondern eben auch denen, die aktiv helfen. Es gibt laut zahlreicher Glücksstudien wenig Dinge, die so viel zum eigenen Wohlbefinden beitragen.

Natürlich bietet sich auch jede Art von Hobby an. Laufen kann man auch in Gruppen, es gibt Turnvereine, Radsportvereine und Kegelclubs. Für jede Form des Interesses kann man Gemeinschaften finden. Die Kontaktaufnahme gestaltet sich sehr viel leichter, wenn man etwas zusammen tut. Es spielt keine Rolle, ob man Origami macht, Chinesisch lernt oder sich im Bauch-Beine-Po-Kurs abstrampelt.

Generell wird empfohlen, die Einsamkeit nicht auszusitzen, sondern zu thematisieren. Ja, das kostet Mut. Ja, es könnte ein Eingeständnis von Schwäche sein. Gute Miene zu machen, während es in einem drin tiefdunkel aussieht, ist aber sicher nicht zielführend und auch nicht besonders klug. Die Umwelt besteht nicht aus Hellsehern. Andere um Hilfe zu bitten macht deshalb Sinn. Mutig zu sein und auszusprechen, wie die Lage ist: »Ich fühle mich manchmal einsam, magst du mal wieder mit mir ins Theater gehen?« Aber Vorsicht: Zu viel Bedürftigkeit kann auch abschrecken. Es ist, wie vieles im Leben, eine Gratwanderung. Bei Menschen, die man seit vielen Jahren kennt, sollte man aber nicht zögern und ehrlich sagen, wie es um einen steht.

Einsamkeit ist nicht immer nur die Schuld der anderen. Natürlich kann man sich zu Hause verschanzen und darauf warten, dass es an der Tür klingelt und man aus diesem Zustand erlöst wird. So wie man auch zu Hause darauf warten kann, dass irgendwann der Märchenprinz vor der Tür steht. Aber Freunde und Männer gibt es eben nicht auf Bestellung. Auch nicht beim Universum. Einen gewissen Aktivitätslevel sollte man aufbringen. Eine meiner guten Freundinnen sagt immer: »Was man nicht probiert, kann auch nicht gelingen«, und in diesem Satz steckt sehr viel Wahrheit. Auch aus Bekannten können Freunde werden, dieses Alles-oder-nichts-Prinzip zu streichen, jedenfalls im Freundschaftskosmos, kann vieles erleichtern. Freundschaft ist sehr selten plötzlich da. Sie entsteht nach und nach, in einem Prozess. Man lernt sich kennen, geht aus, unternimmt Dinge, findet sich nett, und irgendwann merkt man, da entwickelt sich etwas. Nicht immer wird aus einer Bekannten eine Freundin fürs Leben. Muss ja auch nicht. Gegen die Einsamkeit hilft schon eine kleine Dosis an Geselligkeit. Ausgehen kann man auch mit Leuten, die man sympathisch findet, es müssen nicht immer gleich die ganz großen Geschütze aufgefahren werden. Auch in der Freundschaft kann man zunächst einmal kleine Brötchen backen. Menschen, die man neu trifft, direkt mit Sympathiebekundungen zu überhäufen, kann kontraproduktiv sein. Oft ist nicht das Kennenlernen das Problem, sondern das, was dann folgt. Es ist wie beim Daten. Da war man mit einem potenziellen Partner schön zum Abendessen, und das Dinner war ausgesprochen vielversprechend. Flirty, entspannt und doch aufregend. Alle Zeichen stehen auf ›Jetzt geht es los‹. Doch dann stockt es. Der eben noch interessierte Kerl zieht sich sukzessive zurück, und man hockt da und wundert sich, was passiert ist. Was hat ihn in die Flucht geschlagen? Mira scheitert genau an diesem Moment immer wieder. Sie lernt Frauen kennen, erhofft sich phantastische Freundschaften und ist immer wieder rasend enttäuscht, wenn der schnelle Funken des Anfangs genauso schnell erlischt. Zumindest auf der Gegenseite. »Bin ich so scheißlangweilig, oder warum verschwinden die so schnell, wie ich sie gefunden habe? Warum will einfach keine wirklich mit mir befreundet sein?« Vielleicht weil Freundschaft sich eher nonchalant aufbaut. Vielleicht weil man es mit der Angst zu tun bekommt, wenn jemand so exorbitant Gas gibt. Freundschaften müssen sich entwickeln. Das braucht Zeit.

Zu viel des Guten

Natürlich gibt es Freundschaft auf den ersten Blick. Man sieht jemanden und weiß, die ist mir unglaublich sympathisch. Mit der wäre ich so gerne befreundet. In Kindergartenzeiten hätte man jetzt gefragt: Willst du meine Freundin sein? Das ist in fortgeschrittenem Alter ein wenig zu offensiv. Aber es spricht vieles dafür, einfach mal zu sagen: Hättest du Lust, dass wir einen Kaffee trinken gehen? So wie man nach zwei Dates nicht schon fragt, ob man jetzt zusammenzieht, muss man nach einem Treffen nicht schon alle Kindheitstraumata abgearbeitet haben. Vertrauen entsteht und wächst. Zu viel Information, zu schnell verabreicht, hat etwas von einer Überdosis. Ich erinnere mich an einen unseligen Partyabend, bei dem ich mich wie in Geiselhaft gefühlt habe. Ich wollte mir in der Küche nur ein wenig Nudelsalat holen, und da traf ich auf sie. Eine Nadine, die ich in meinem Leben noch nie gesehen hatte. Nadine hat, während ich mir mal wieder zu viel Nudelsalat auftürmte, kurz erzählt, was sie so macht. Sie klang recht nett. Ich blieb mit meinem Teller bei ihr stehen. (Fehler Nr. 1!) Innerhalb von drei Minuten war sie bei ihrer alkoholkranken Mutter und ihren ganz sicher daraus resultierenden sexuellen Problemen. Die ersten Tränen flossen. Ich hatte inzwischen nur einen Impuls. Weg. Schnell weg. Nicht dass ihre Geschichten nicht spannend waren, aber es war ein Zuviel an Information. Nicht unserem Bekanntheitsgrad entsprechend. Aber wer kann eine weinende Frau einfach stehenlassen? Nach 35 Minuten entschuldigte ich mich und sagte, ich müsse mir mal ein Getränk holen und auf Toilette. Es war der reine Fluchtimpuls. »Ich bin hier!«, sagte sie und schaute mich erwartungsvoll an. Nadine ist sicherlich eine nette Frau. Aber der Auftakt unserer Bekanntschaft war mir einfach zu heftig. Beziehungen müssen geknüpft werden, bevor man sie strapazieren kann. Klar tausche ich mich mit guten Freundinnen über alles aus. Ich bin für sie da, aber im besten Fall ist es eben ein Geben und Nehmen. Das bedeutet auch nicht, dass der Auftakt von Freundschaft oberflächlich sein muss. Ich habe die Party früh verlassen – wegen Nadine. Ich konnte ihr schlicht nicht entkommen und wollte auch nicht offensiv unfreundlich sein. »Hast du Lust, morgen oder übermorgen mal bei mir vorbeizukommen? Ich koche uns was Schönes. Wir haben so toll geredet. Das hat mir echt gutgetan!« Ich war einerseits geschmeichelt, andererseits wollte ich instinktiv auf gar keinen Fall. »In den nächsten zwei Wochen ist es bei mir schlecht, ich habe Abgabetermine, das schaffe ich nicht!«, redete ich mich heraus. Oder versuchte es zumindest. Sie sah aus, als hätte ich sie geschlagen, und ich fühlte mich sofort sehr schlecht. »Dann komm doch am Freitag in zwei Wochen. Da habe ich Geburtstag und feiere. Es wäre wunderbar, wenn du dabei wärst!« Wenn ich jetzt nein sage, bin ich wirklich kein guter Mensch. Eine Geburtstagsfeier ist ja was anderes als ein Abendessen zu zweit. Ich konnte nicht nein sagen. Sie schaute mich mit einem Blick an, als würde ihr weiteres Seelenheil nur von meiner Zusage abhängen. »Ich komme gern!«, behauptete ich, und sie strahlte, als hätte ich ihr gerade gesagt, dass ihr Lottoschein der mit dem Millionengewinn ist. Samt Zusatzzahl. »Da freue ich mich! Gib mir deine Telefonnummer, dann schicke ich dir die Adresse und so!«, sagte sie noch. Ich dachte nicht weiter nach und gab ihr meine Nummer. (Fehler Nr. 2!!)

Bis zu ihrem Geburtstag schrieb sie mir mehrfach. Und schickte minutenlange Sprachnachrichten. Ich antwortete, allerdings oft mit Verzögerung und eher kurz. Ich wollte nicht grob unfreundlich sein, aber nicht auch noch das sprichwörtliche Wasser auf die Mühlen gießen. Ich überlegte kurz, ob ich irgendeine Ausrede erfinden sollte, um mich vor der Geburtstagsfeier zu drücken. Ich schaffte es nicht. Jemandem absichtlich weh zu tun, finde ich unnötig. Ich fragte sie, was sie sich wünscht, da ich selbst keinerlei Ideen hatte, denn bei genauer Betrachtung kannte ich sie ja gar nicht. »Dass du kommst, ist Geschenk genug!«, antwortete sie auf meine Nachricht, und wieder einmal dachte ich, dass sie mich doch genauso wenig kennt wie ich sie. Ich besorgte ein Buch – auch gewagt, wenn man jemanden nicht kennt – und war um Punkt 20 Uhr bei ihr. Sie lebt in einer kleinen Wohnung mitten in Sachsenhausen, einem Frankfurter Stadtteil. Außer mir kamen noch zwei weitere Gäste. »Ich wollte nur mit denen feiern, die mir nah sind, also emotional!«, sagte sie und umarmte mich zur Begrüßung lange. Emotional nah? Wir hatten uns einmal gesehen. Das hatte etwas sehr Beklemmendes. Wie auch der Rest des Abends. Die anderen beiden – die ihr so nah sind – waren eine Nachbarin, die zwei Stockwerke über ihr wohnt und ab und an Pakete für sie annimmt, und eine ehemalige Kollegin. Beide wirkten ähnlich konsterniert wie ich. Es herrschte eine sehr seltsame Atmosphäre. Ich hatte das Gefühl, im falschen Film zu sein. Als hätte mich jemand hier einfach so dazugesetzt. Natürlich traute ich mich nicht, wie ich eigentlich vorgehabt hatte, nach einer Stunde zu verschwinden. Auf einer großen Party wäre das ja nicht weiter aufgefallen, aber hier in diesem Kreis wäre mit mir ja ein Drittel der Gäste weg gewesen. Nach drei Stunden wollte ich schließlich gehen, aber ihr Geburtstag war erst morgen (Überraschung!), und schon deshalb musste ich, genau wie die beiden anderen, bis Mitternacht bleiben. Ich war extra früh gekommen, um früh wieder gehen zu können, und dann das. Viertel nach zwölf brach ich auf. Entschuldigte mich mit angeblichen Kopfschmerzen. Die anderen schlossen sich mir erleichtert an.

Der Abend war einer der bedrückendsten und seltsamsten Abende überhaupt. Nadine hat sich danach noch drei-, viermal gemeldet, aber ich war sehr verhalten. Irgendetwas an diesem Freundschaftsgesuch war extrem merkwürdig gelaufen.

Mit anderen Worten: Schon bei der Anbahnung zu sehr aufs Gas zu treten bringt nichts. Das ist, als würde man beim ersten Date schon Heiratspläne schmieden und laut überlegen, welches Kleid und welcher Brautstrauß passen würden. Lieber das Schulterfreie, die A-Linie oder doch der Meerjungfrauen-stil? Bei aller spontanen Begeisterung und Zuneigung: Zu viel ist zu viel und macht der Gegenseite Angst. Zu offensives Verhalten weckt Fluchtimpulse. Man denkt, da stimmt doch was nicht, wenn jemand so bedürftig ist, und fürchtet: Da offenbart sich ein ganz großes Zuwendungs- und Liebesdefizit, das man selbst nicht verursacht hat, das man nun aber ganz allein füllen soll. Es droht eine Fulltime-Betreuung – und das schreckt ab.

Wegen Überfüllung geschlossen

»Es ist doch so, irgendwann im Leben sollte man Freundinnen haben, ab einem gewissen Alter ist das Thema gelaufen, da hat man Freundinnen oder eben nicht!«, findet Meike. So als gäbe es ein Zeitfenster, in dem man auf »Brautschau« gehen darf. Ein Fenster, das spätestens ab dem fünfzigsten Lebensjahr zuschlägt und dauerhaft geschlossen bleibt. Das ist natürlich Quatsch. Es gibt – zum Glück – keinerlei Altersgrenzen für die Freundschaftsakquise. So wie man sich in jedem Alter verlieben und dem Mann des Lebens auch noch in der Seniorenwohnanlage begegnen kann, so kann man auch lebenslang neue Freunde finden. »Aber irgendwann ist der Bedarf einfach auch gedeckt, ich zum Beispiel habe genug Freundinnen, und es langt mir!«, wendet Meike skeptisch ein. »Ich habe einfach keine Zeit und Gelegenheit für mehr, wenn ich meine Freundinnen, die mir so lange schon so lieb sind, nicht vernachlässigen will.« Kann man so etwas wirklich beschließen? Auch ich habe einige Freundinnen, würde man durchzählen, könnte man auch zu dem Schluss kommen: Es reicht. Aber warum sich selbst eine solche Beschränkung auferlegen? Ich habe in den letzten Jahren bestimmt drei neue Freundinnen dazugewonnen. Lustige, tolle, schlaue Frauen. Sehr unterschiedliche Frauen. Ja, man hat nicht unendlich viel Zeit. Aber neuer Input ist etwas Herrliches. Jemanden von vorneherein nicht in sein Herz zu lassen, nur weil da schon andere drin sind, ist albern. Ich sehe neue Freundinnen als Bereicherung an.

»Eure Probleme hätte ich gerne«, beklagt sich Jutta. Sie habe einfach kein Talent für Freundschaft. »Ich fühle mich immer wie die unscheinbare Maus, die keiner will.« Sie sei einfach nicht spannend und interessant.

Was könnte helfen, wenn man denn auf der Suche nach Freundschaft ist? Was kann man tun, um für andere als Freundin begehrenswert zu sein? Stellen Sie sich vor, Sie säßen an einem Flughafen und warten am Gate auf den Abflug ihrer Maschine. Ihr Flug ist verspätet, und Sie werden die nächsten zwei Stunden an diesem Gate hocken. Überlegen Sie sich, mit welcher Person, die jetzt ebenfalls gelangweilt an diesem Gate sitzt, würden sie gerne Zeit verbringen und warum? Sind Sie so eine Person, die man im Fall der Fälle aussuchen würde? Was macht so eine Person aus? Zauberwörter in dieser Hinsicht können sein: Aufmerksamkeit, Freundlichkeit und Kommunikationsbereitschaft. Signalisieren und bekunden Sie Interesse an Ihrem Gegenüber. Fragen Sie ihm oder ihr ein Loch in den Bauch, so als müssten Sie die Biographie Ihres Gegenübers verfassen. Interesse an der eigenen Person ist immer schmeichelhaft. Man fühlt sich wichtig und wertgeschätzt. Kommunikation ist nichts Einseitiges. Und wenn Sie gefragt werden, fragen Sie zurück. Üben Sie sich im Smalltalk. Wer Freundschaft will, muss sprechen. Und sich bemühen. Ab und an eine kurze Nachricht verschicken. Sich an Geburtstage erinnern oder daran, dass die potenzielle Freundin eine wichtige Prüfung oder eine Wurzelkanalbehandlung hat. Haken Sie nach. Bleiben Sie am Ball.

Gefühle sind wie Schnupfen, hat der Psychologe und Bestsellerautor Daniel Goleman mal gesagt. Was das heißt? Nettigkeit ist ansteckend. Einem Lächeln können die wenigsten widerstehen.

Lesen Sie. Gehen Sie ins Kino, ins Theater, in die Oper. Studieren Sie Tageszeitungen. Tun Sie etwas für Ihre Allgemeinbildung. Man kann nicht immer nur übers Wetter oder über Heidi Klums Beziehung reden. Versuchen Sie, ein interessanter und interessierter Gesprächspartner zu sein. Anderen mal einfach so einen Gefallen zu tun kommt auch immer gut an. Seien Sie großzügig und hilfsbereit. Machen Sie Komplimente. All das sind günstige Freundschaftsdünger. Konzentrieren Sie sich auf Ihr Gegenüber. Wenn man im Gespräch das Gefühl hat, gerade die wichtigste Person für den Gesprächspartner zu sein, ist das berauschend. Es gibt Menschen, die diese Fähigkeit haben. Roger Willemsen war so ein Mensch. Im Gespräch mit ihm hatte man immer den Eindruck, er konzentriere sich nur auf ebendiesen Moment.

Es kann auch nicht schaden, ein bisschen Sorgfalt auf unser Äußeres zu verwenden. Was hat Freundschaftsakquise mit so etwas Oberflächlichem wie Optik zu tun, könnte man sich fragen. Ganz einfach: Es dauert durchschnittlich etwa acht Sekunden, bis sich andere ein Bild von uns gemacht haben. Ein Outfit hat dadurch so etwas wie Signalwirkung. Es sagt etwas über uns aus. Letztlich ist aber entscheidend, wie viel Interesse Sie an anderen haben.

Wie hat schon Dale Carnegie in *Wie man Freunde gewinnt* geschrieben: »Wer sich für andere interessiert, gewinnt in zwei Monaten mehr Freunde als jemand, der immer nur versucht, die anderen für sich zu interessieren, in zwei Jahren.« Meint: Seien Sie aufmerksam. Fragen Sie. Bleiben Sie dran. Dann hat man in jedem Alter die Chance, neue Freunde zu finden.

Fragen
an die Freundschaft

Meine Freundinnen sind alle sehr viel attraktiver als ich.
Manchmal habe ich den Verdacht, sie umgeben sich nur
mit mir, um besser dazustehen ...

Dieses Gefühl hat einen Namen: Duff – das meint *designated ugly fat friend* – also »ausgewählt hässliche, fette Freundin«. Die Theorie dahinter ist, dass ein Teil der Frauen dazu da ist, als eine Art Kontrastmittel für die anderen zu dienen. Damit die anderen hübscher wirken, als sie vielleicht sind. Dem setzen wir den – wissenschaftlich nachgewiesenen – Cheerleader-Effekt entgegen. Demnach wirkt eine einzelne Person in einer Gruppe von Menschen attraktiver als für sich allein betrachtet.

Kapitel 11

Freundschaft:
die Zutatenliste

»Will you still need me, will you still feed me
When I'm sixty-four?«
Beatles

Die Freundinnenevolution

Meine Mutter hat mich oft um meine Freundschaften benei-
det. Noch kurz vor ihrem Tod, als sie schon bettlägerig war,
sagte sie zu uns – meiner Besten und mir –, wir sollten bloß
gut auf das aufpassen, was wir haben. Es sei etwas sehr Kost-
bares. Nicht dass meine Mutter keine Freundinnen hatte, aber
sie hat nie mit anderen Frauen in einer Wohngemeinschaft
gelebt, war nicht ganze Nächte mit ihnen um die Häuser gezogen, hatte keine großen Reisen mit Freundinnen gemacht
oder mitten in der Nacht bei einer angerufen, um sich aus-
zuheulen. Es war in der Generation meiner Mutter – sie war
Jahrgang 1936 – eben nicht üblich, das zu tun, was für uns
heute so selbstverständlich ist, wie eigenes Geld zu verdienen:
einen Großteil unserer Zeit, unseres Denken, Fühlens ganz exklusiv für unsere Freundinnen zu reservieren. Nie hatten wir
es nötig, das gegenüber Männern zu verteidigen. Allein der
Gedanke, dass uns ein Mann das Freundinnensein und -haben
verbieten könnte, war und ist absolut lächerlich. Jedwede Versuche, uns vom Frauenrudel zu trennen, würden jeden Kerl
sofort ins Abseits bringen. Dennoch erleben wir an unseren

Müttern und Tanten, dass es gerade mal eine Generation her ist, dass Männer ihren Frauen den Kontakt zu anderen Frauen einfach verbieten konnten oder ihn ihnen zumindest vermiest haben. Dass Frauen oft selbst fanden, ihre Freundschaft sei längst nicht so wichtig wie ihre Ehe und dass das Wohl des Mannes ganz klar immer an erster Stelle zu stehen habe. Und wenn es ihm nicht behagte, dass seine Frau ohne ihn verreisen wollte, dann blieb sie eben daheim. Als meine Mutter zweimal mit Freundinnen ohne Ehemänner nach Mallorca flog, waren nicht nur die Ehemänner empört. Auch Frauen aus ihrem Umfeld reagierten, als hätte meine Mutter verkündet, einen Swinger-Club eröffnen zu wollen. Ihre Freundinnen waren es dann auch schon nach der zweiten Reise leid, sich das biss-chen Freundinnenurlaub mit wochenlangen Diskussionen hart erkämpfen zu müssen. Eben auch gegen andere Frauen. Da mein Vater grundsätzlich nichts von Urlaubsreisen hielt, fuhr meine Mutter eben mit uns – ihren Töchtern. Das war sicher auch schön, nehme ich mal mir zuliebe an. Aber längst nicht so großartig, wie es sein kann, wenn man sich mit einer Freundin auf den Weg durch die europäischen Hauptstädte macht oder mal eben zehn Tage auf den Kanaren nichts an-deres tut, als tagsüber am Pool zu lesen und abends tanzen zu gehen. Sicher hat meine Mutter nicht einmal ausprobiert, wie es ist, eine Frau zu küssen. So richtig mit Zunge. Und sie hat sich ganz bestimmt nicht mit anderen Frauen darüber aus-getauscht, wie eine Dusche auch ein phantastisches Sex-Toy abgeben kann. Soweit ich mich erinnere, hat sie nicht mal aus-gedehnte Stadtbummel mit ihren Freundinnen gemacht oder ist mal mit ihnen ins Kino gegangen. Wenn, dann mit uns, ih-ren Kindern, oder gar nicht. Ich glaube, darüber war sie auch traurig. Umso mehr, als ihre überhaupt engste Vertraute – eine ihrer vier Schwestern – früh verstarb. Damit will ich nicht sa-gen, dass Frauen vor uns keine Freundinnen sein konnten.

Aber sie waren es unter erschwerten Bedingungen. Offiziell hatte ja ganz klar immer die Familie ganz oben auf der Prioritätenliste der Frauen zu stehen, herrschte ein Frauenbild, in dem erst mal alle anderen zufriedengestellt werden sollten, bevor man darüber nachdenken konnte, selbst Spaß zu haben. Ehe man also zum Kochclub, zum Keller Geister bei der Nachbarin, zum Bridge-Abend oder zum Tennis-Match aufbrechen ›durfte‹, musste auf jeden Fall sichergestellt sein, dass weder Mann noch Kinder in der kurzen Zeit ihrer Abwesenheit verhungern würden. Dass im Haushalt alles erledigt war und man es sich also ›erlauben‹ konnte, den Mann auch mal ›allein‹ zu lassen. Wenn meine Mutter gelegentlich ihre Lieblingsschwester und/oder ihre Mutter in Niedersachsen besuchte, war sie kaum aus dem Haus, da strömten schon die Nachbarinnen mit frisch Gekochtem zu meinem Vater. Die Mahlzeiten wurden stets gewürzt mit Sätzen wie ›Damit Sie nicht verhungern! Sie armer Mann!‹ oder ›Wie kann Ihre Frau Sie nur allein lassen‹. Mein Vater stellte alles in den Kühlschrank und kochte sich selbst etwas. Und meine Mutter warf alles weg, als sie wieder zu Hause war. Heute wäre ich echt ziemlich entgeistert, käme eine Nachbarin bei uns vorbei, um meinen Mann zu füttern und mich schlechtzumachen. Und ehrlich: mein Mann auch.

Was klingt wie aus dem Paläozoikum der Freundschaft, ist aber gar nicht lange her. Und die so ostentativ gepriesene und offensiv leidenschaftlich gelebte Frauenfreundschaft, wie wir sie kennen und wie sie auch in der Kultur und in den Medien zelebriert wird, ist ein relativ neues Phänomen. Eines, das hart erkämpft werden musste, wie ja praktisch jede Freiheit von Frauen. Und sei sie noch so klein. Allein um wahrgenommen zu werden, brauchte die Frauenfreundschaft ganze Jahrhunderte. Denn praktisch alles, was – von 600 vor Christi bis 1600 nach Christi – zu dem Thema schriftlich niedergelegt wurde, wurde von Männern über Männer geschrieben. Frauenfreundschaften fanden natürlich trotzdem statt. Als seelische, aber auch ganz praktische Lebenshilfe, als Stimmungsaufheller und überhaupt als Honig auf den Dornen eines weiblichen Alltags, der so pickelhart war, dass man ihn sich ohne Freundinnen kaum vorstellen mag. Unterstützen, beraten, entlasten, leihen, ausleihen, einspringen, sich austauschen, die Schlüsselqualifikationen der Frauenfreundschaften müssen ja schon deshalb in voller Blüte gestanden haben, weil ja sonst nichts und niemand den Frauen half. Auch nicht die Kirche. Die schon gar nicht. Schriftlich gewürdigt wurde das allerdings erst so ab dem 15. Jahrhundert, als Frauen langsam anfingen, an ihre Freundinnen zu schreiben. Dann dauerte es noch mal 300 Jahre, bis die Frauenfreundschaft in den Spitzen der Gesellschaft, bei den Wohlhabenden, eine gewisse Aufmerksamkeit erreichte. Bis Frauen Zeit miteinander verbringen konnten, ohne weiteren Grund, als dass es ihnen gefiel. (Natürlich erst, wenn nichts weiter im Haushalt anstand und der Mann nicht seinerseits Ansprüche stellte – etwa eine warme Mahlzeit oder Aufmerksamkeit wünschte.) Während die Männer die Rationalität für sich reklamierten, wurde den Frauen die Emotionalität zugeschrieben, die sie ruhig mit ihren Freundinnen, Müttern, Schwestern, Töchtern ausleben sollten. Schon damit das mal erledigt ist und der Mann nicht mit zu viel Gefühl belästigt wird. Es war Frauen deshalb durchaus gestattet, einander auch in inniger Zärtlichkeit verbunden zu sein und dieser auch schriftlich mit überbordenden Liebesbekundungen Ausdruck zu verleihen. Richtig Fahrt nahm die Frauenfreundschaft auf, als es möglich wurde, sich in Vereinen zu organisieren oder in sozialen Gruppen zusammenzufinden. Als Frauen Salons gründeten, die sie und ihre Gäste berühmt machten, und so das intellektuelle Leben mitbestimmten. Als Mädchenschulen, Seminare und Universitäten nun mehr als genug Gelegenheit boten, Freundschaften fürs Leben zu knüpfen. Manche Freundinnenduos verewigten sich sogar im Kulturolymp: So Paula Modersohn-Becker und Clara Rilke Westhoff, Greta Garbo und Salka Viertel, Rosa Luxemburg und Clara Zetkin, Lou Andreas-Salomé und Frieda von Bülow. Djuna Barnes und Emily Coleman, Bertha Benz und Elisabeth Trippmacher, Virginia Woolf und Vita Sackville-West, um nur einige zu nennen. Und natürlich die Philosophin Hannah Arendt und die sechs Jahre jüngere amerikanische Journalistin Mary McCarthy, deren mehr als 20 Jahre während Korrespondenz eindrücklich belegt, wie inspirierend, motivierend und unterstützend Freundinnen füreinander sind. Aber auch wie klug und geistreich der philosophische und politische Diskurs geführt wird, wenn zwei etwas davon verstehen. Sollte also einmal wieder jemand behaupten, Frauen könnten eh nur Tratsch und Beauty-Tipps austauschen – »bitte nicht die Fassung verlieren!«, wie Hannah Ahrendt einmal ihrer Freundin schriftlich riet. Sondern auf *Im Vertrauen* hinweisen – die Briefsammlung der beiden aus dem Piper-Verlag. Ja, das braucht man Frauen gar nicht erst zu sagen. Wir wissen schließlich, was wir draufhaben. Dass wir gerade noch darüber sprechen konnten, wo die beste Augenbrauenspezialistin zu finden ist, wie man einen Weihnachtsstollen backt, ohne dass die Rosinen darauf verkohlen, wieso Marion immer noch mit Fritz zusammen ist, obwohl der sie doch dauernd betrügt, um dann gleich mit der globalen Erwärmung, dem Formtief der Eintracht Frankfurt und den Problemen mit KI weiterzumachen. Kurz, wir können U und E – wie es in der Medienbranche heißt –, sowohl Unterhaltung als auch Ernst.

Was wir manchmal nicht so gut können: blind darauf zu vertrauen, dass die Freundschaft nicht bloß der Trostpreis der romantischen Liebe ist. Das, was einem übrig bleibt, wenn gerade kein Mann in der Nähe ist. Denn trotz aller Leuchtfeuer großartiger Frauenbeziehungen galt immer auch, was Marilyn

Yalom in ihrer *Kulturgeschichte der Freundschaft* schreibt: »Wir können im Allgemeinen davon ausgehen, dass die Heirat einer Freundin das Begräbnis einer Freundschaft ist.« Ein Phänomen, das in Sachen Verfallsdatum sogar noch einen Bundeswehrzwieback in den Schatten stellt. Es taucht bis heute immer wieder auf, als dunkler Schatten, stille Furcht, die Beste könne einen in die zweite Reihe zurückstufen, sobald sie unter der Haube ist. Auch durch Bücher und Filme zieht sich diese Achillesferse unserer Freundschaften wie ein roter Faden. So zeigt sie sich in »Club der Teufelinnen«, wo es erst den Selbstmord einer von ihrem Mann schnöde verlassenen Studienfreundin braucht, um die anderen drei des ehemals unzertrennlichen Kleeblattes wieder zusammenzubringen und ihre Prioritäten zu überprüfen. Das war ja überhaupt immer der größte Freundinneneiertanz, den Frauen glaubten absolvieren zu müssen: gleichzeitig dem Mann ihre Loyalität zu versichern und dabei nicht die Freundschaft zu riskieren. Stets auch mit dem kalten Hauch männlicher Eifersucht im Nacken.

Angesichts weiblicher Innigkeit wuchs ja die Sorge, Frauen könnten sich zu nahe kommen, könnten feststellen, dass sie einander genug sind, und am Ende hätte der Mann auch im Bett das Nachsehen. Sie wurde umso größer, als Sexualwissenschaftler entdeckten, dass auch Frauen eine eigene Sexualität haben und es einen Zusammenhang zwischen der Ablehnung der traditionellen Frauenrollen und der Weigerung, dem Manne auch im Bett zu Diensten zu sein, durchaus gab. Da hörte der Spaß für die Männer auf, und der Widerstand gegen die Frauenfreundschaft wuchs proportional mit dem gegen die Forderung für mehr Rechte. Schließlich wurde das eine als Voraussetzung für das andere angenommen. Und zwar zu Recht. Schon aus Selbst- und Egoschutz kursierte die Annahme, das Einzige, das Frauen in Gesellschaft von anderen

Frauen beschäftige, seien ohnehin nur ihre Kerle. Es gibt sogar einen ganzen Film, der diese Form der männlichen Selbstüberschätzung sehr amüsant auf die Spitze treibt: »Frauen«, unter der Regie von George Cukor aus dem Jahr 1939. Er ist ausschließlich weiblich besetzt, und das einzige Thema der Protagonistinnen ist – was sonst – Männer. Die heterosexuelle Beziehung sollte die eigentliche bleiben, und die Freundin wird nur geduldet, wenn sie diesem Prinzip nicht ins Gehege kommt. Wann da Grenzen überschritten wurden, entschied selbstverständlich der Mann. Er sollte der größte Trumpf im Frauenärmel bleiben und die Freundin auch dafür Verständnis haben. Dabei verstehen Männer – jedenfalls die klugen – längst, was sie an den Freundinnen ihrer Frauen haben. Schon weil durch sie nicht alle Erwartungen auf Glück, Erfüllung und Zuwendung allein auf den dafür oft nur recht unzureichend ausgestatteten Männerschultern ruhen.

Alle Brüder werden Schwestern

Wie immer, wenn es in Beziehungen unendlich viele Hürden zu nehmen gibt, brachte auch die Geschichte der Frauenfreundschaften drei starke Gefühlslagen hervor: einen austrainierten Pragmatismus, der sagt, ›nur gemeinsam sind wir überlebensfähig‹; eine trotzige ›Jetzt erst recht‹-Haltung und eine himmelweiche Romantik. Befeuert von der sehr tröstlichen Erfahrung, dass wenigstens Frauen wissen, was Frauen wünschen und Männer so gern auslassen: Empathie, Fürsorge, Aufmerksamkeit, Zärtlichkeit, hatte die Freundin immer auch die Aufgabe, die idealere Geliebte zu sein, gab es stets auch eine zuckersüß-zärtliche Seite der Freundschaft. So viel Gefühlsüberschwang wurde und wird da schon mal heftig und steht dem Gebaren eifersüchtiger Liebhaber in nichts nach. Man braucht nur mal Mütter kleiner Töchter zu fragen oder sich erinnern, wie es früher war, im Kindergarten, als Gaby plötzlich lieber mit Carola gespielt hat. Wie grausam es ist, von einem Mädchen, das man für seine Freundin hielt, für eine andere abserviert zu werden. Frauenfreundschaft ist ja immer auch Liebe – mit allen Konsequenzen wie Eifersucht und Herzschmerz. Daneben gibt es aber auch eine durchaus pragmatische Frauensolidarität, eine, in der wir einander so etwas wie die Schwimmflügel sind, die uns über Wasser halten. Ohne die Unterstützung von anderen Frauen wäre die Neandertalerin ebenso verloren gewesen, wie es die Pionierin in der Kolonialzeit des frühen Amerika, die Dienst- und Arbeitermädchen vor und in der industriellen Revolution, die Bäuerinnen, die Sekretärinnen und die Hausfrauen gewesen wären. Man musste nicht die dickste Freundin sein, um sich darauf verlassen zu können, dass die andere aushilft. Mit Trost ebenso wie mit praktischer Lebenshilfe, mit einem ausgeliehenen Pfund Mehl wie mit Beistand etwa bei der Geburt oder wenn das Kind mal eben kurzfristig oder auch länger betreut werden muss. Und *last, but not least* ist da noch die ideologische Schale des manchmal enorm zuckrig-gefühligen Kerns. Denn neben der hochemotionalen Seite der Medaille spielte immer mehr auch das Bewusstsein eine Hauptrolle, dass wir alle dieselben Erfahrungen teilen. Über alle Länder, alle Kulturen und Gesellschaftsschichten hinweg. Eine Art Esperanto, mit dem wir – egal wo – immer eine Verständigungsebene mit anderen Frauen finden können. Über Beziehungen, Geburten, Kinder, das Altern, die Jugend, Verwandte. Aber auch über Ungleichheit, Geringschätzung, Respektlosigkeit, Sexismus, sexualisierte Gewalt. Geteiltes Leid war und ist deshalb im besten Fall nicht bloß halbes Leid, sondern auch ein Stärkungsmittel. Und zwar für Mut, Souveränität, Widerspruchsgeist. Schon die Erfahrung ›du bist nicht allein!‹ kann ja gehörige Sprengkraft entwickeln. Ebenso wie das Bewusstsein, Teil einer weltumspannenden Interessengemeinschaft zu sein. In den USA hat man das ›Sisterhood‹ genannt – also Schwesternschaft. Sozusagen das Gegenstück zur ›Allemenschenwerdenbrüder‹-Sache. Gemeint ist die schöne Idee, dass sich alle Frauen grundsätzlich in Zuneigung und Loyalität begegnen. Dass sie gemeinsame Ziele anstreben. Solche wie Gleichberechtigung und Selbstbestimmung. Die Freiheit, über das eigene Leben entscheiden zu können, anstatt das anderen überlassen zu müssen. Und dass das Eintreten für Gleichberechtigung auch als Würdigung all der Opfer zu verstehen ist, die Frauen gebracht haben, damit wir wählen können, eigenes Geld verdienen, selbst entscheiden, wen wir heiraten und von wem wir uns scheiden lassen, ob wir Sex wollen oder nicht, ob und wie viele Kinder wir bekommen und auch, dass uns nicht jeder einfach abtasten kann, wenn ihm danach ist. Um nachher zu behaupten, das sei ja nur als Kompliment gemeint gewesen.

Man nehme ...

Für uns beide, ebenso wie für unsere Freundinnen, besteht Freundschaft genau aus den Zutaten, die sich wie das Gold aus dem Sand des Klondike aus der Geschichte der Frauenfreundschaften herausgewaschen haben. Aus Nähe und Zuneigung, Wärme, Hingerissenheit und Respekt für das, was und wie Frauen sind, was sie leisten, was sie für sich und für andere tun. Und natürlich aus der Traute, dem Ausdruck zu verleihen. Mit Komplimenten, mit Liebeserklärungen und – wenn nicht gerade Corona ist – auch mit Zärtlichkeit. Dann braucht man natürlich darüber hinaus auch den Pragmatismus, den Frauen entgegen anderslautenden Gerüchten nachweislich in der Familienpackung besitzen. Geschult in jahrtausendelanger Übung im Erkennen von dem, was erledigt werden muss. Nein – nicht noch einen Krieg anzetteln oder die Waffenkammer reorganisieren oder überlegen, wie man den Konkurrenten vom Thron schubsen kann. Wir denken da eher an Lebenswichtiges wie Suppe kochen und Wein entkorken, wenn eine Stress hat. Ihr mal die Kinder abnehmen, wenn ihr Job, Haushalt und ein verständnisloser Mann (›meine Mutter hat sich nie beklagt!‹) über den Kopf gewachsen sind. Daran, Prüfungsfragen abzuhören, wenn eine ihren nächsten Karriereschritt plant. Und auch daran, der Kollegin zu helfen, Klaus-Dieters Steuerunterlagen zu kopieren, bevor er behaupten kann, in den letzten zehn Jahren praktisch nichts verdient zu haben (und dass die 25-jährige Fachfrau für Augenbrauen-Design sich natürlich ausschließlich in den Charme des 57-jährigen Unternehmers verliebt hat). Daraus ergibt sich die dritte Zutat: Das Wissen darum, dass viele dieser Probleme, die Freundinnen für uns und wir für sie abfedern, auch Systemfehler sind. Also solche, die final gelöst werden könnten, wenn wir dafür einstehen, uns engagieren. Für das Füreinander. Für uns. Für die Sache der Frauen – wie man das so schön nennt. Also für bessere Bezahlung, für die Quote in den Vorständen, für bessere Kinderbetreuung, für Beziehungen, in denen Männer nicht behandelt werden wie ein Fall für die höchste Pflegestufe, auch wenn sie glauben, das ›verdient‹ zu haben. Wir sollten also immer auch mit uns befreundet sein. Das erfordert eine vierte Zutat: den Mut, unsere Anliegen ernst zu nehmen und sie entsprechend zu verteidigen. Liebe, Solidarität, *Sisterhood* – die Evolutionsgeschichte der Frauenfreundschaften hat uns gezeigt, wie kostbar dieses ›emotionale Kapital‹ ist, wie wir es klug und gewinnbringend anlegen können und dass keine Investition besser verzinst wird. Ein Leben ohne Freundinnen ist deshalb vielleicht möglich, aber definitiv sinnlos. Wir jedenfalls würden niemals auf all den Spaß, all die Power, Inspirationen, Unterstützung, Wärme und Nähe verzichten wollen, die so nur Freundinnen draufhaben. Sie sind unser ganzes Glück.

Aus dem Nähkästchen unserer Freundschaft

Constanze **fragt** ► Susanne **antwortet**

Dein erster Eindruck von mir?
Die sieht ja aus wie Meryl Streep. Wow!

Weißt du noch, wann wir uns das erste Mal gesehen haben?
Ne, aber an das letzte Mal kann ich mich ganz genau erinnern.

Was magst du an dir am meisten?
Ich kann lustig sein. Und schlagfertig. Und ich bin lieb. Lieber, als man denkt.

An mir?
Du bist die aufmerksamste Person, die ich kenne. Du bist unglaublich klug und trotzdem null überheblich. Du hast Witz. Du bist großherzig, großzügig und fürsorglich. Du bist eine phantastische Ratgeberin. Mit anderen Worten: die ideale beste Freundin.

Drei Eigenschaften, die du an mir ändern würdest?
Du kannst stur sein. »Nein, ich jogge keinen Meter weiter!
Ich kann nicht mehr!« »Aber wenn du noch reden kannst,
kannst du auch noch laufen!« »Nein. Keinen Meter mehr.«
(Bleibt demonstrativ 200 Meter vor dem Haus stehen!) Du
bist irre fleißig (dadurch wird meine immense Faulheit
noch offensichtlicher ...)

**Drei Dinge, die du an unserer Freundschaft gern ändern
würdest?**
Ich möchte nichts ändern. (Ich kann auch verdammt stur
sein!)

Was geht dir bei mir richtig auf die Nerven?
Dass du deine Haare immer dann abschneiden lässt, wenn
sie richtig schön lang sind. Dein Deutsche-Bahn-Bashing.
Ich schwöre, sie ist besser als ihr Ruf.

Was wirst du bei mir nie verstehen?
Dass du dich über manche Sachen so doll aufregen kannst ...

Worum beneidest du mich?
Du bist meinungsstark, hast eine Haltung, und obwohl
die sicherlich nicht immer jedem gefällt, hat dich jeder
schrecklich gern. Was ich natürlich sehr gut verstehe. Ich
kenne niemanden, der dich nicht mag. Und: Du hast das
auch noch verdient.

Woher weißt du, dass es Freundschaft ist?
Du bist die, die ich anrufen will, wenn etwas Tolles oder Schlimmes passiert ist. Wenn wir nicht täglich gesprochen haben, fühle ich mich komisch. Ich würde dir ohne Bedenken eine Niere spenden. Du darfst streng mit mir sein. Ich höre auf dich.

Was sollten wir unbedingt noch gemeinsam tun?
Noch mehr reisen. Mit dir lässt es sich vortrefflich wegfahren. Einfach viel Zeit verbringen. Womit auch immer.

Was hätten wir besser gelassen?
Ehrlich – nichts. Selbst unsere Horrorlesung in Ulm, als niemand auch nur eine Miene verzogen hat und wir schon dachten, das Publikum sei von »Verstehen Sie Spaß« bestochen, hat rückblickend viel Komisches. Zu zweit, vielmehr mit dir, kann ich alles besser aushalten.

Ein perfekter Freundinnentag für dich?
Rausgehen, bummeln, essen gehen, einfach nur reden, aber auch gemeinsam entspannt schweigen.

Was wird das Alter mit unserer Freundschaft machen?
Ich werde auf Reisen dein Schnarchen nicht mehr hören. Schon weil ich dann sicherlich sehr schlecht höre. Wir werden sehr viel essen und im Heim ein Zimmer mit Balkon nehmen, um dann wieder mit dem Rauchen zu beginnen. Und wir werden Spaß haben. Und nicht altersadäquate

Kleidung tragen. Und sehr viel Hochkalorisches ohne schlechtes Gewissen vertilgen. Herrlich.

Welchen Gefallen könnte ich dir noch tun?
Du müsstest häufiger beim Arbeiten neben mir sitzen und streng gucken.

Was würdest du sofort aus meinem Kleiderschrank entfernen?
Alles, was zu groß ist. Im Gegensatz zu mir (die gerne Klamotten ein wenig zu eng kauft) kaufst du gerne alles ein bisschen zu weit ... Du bist viel schlanker, als du denkst, Schatzi!

Wie findest du meinen Männergeschmack?
Ganz in Ordnung. Nicht übel. Aber zum Glück einen Tick anders als meinen. Wir würden uns nie ins Gehege kommen.

Wofür habe ich wirklich kein Talent?
Ich finde, du kannst fast alles. Und stellst dein Licht oft genug unter den Scheffel. Also werde ich diese Tendenz jetzt nicht noch durch eine unbedachte Aussage verstärken.

Welchen Rat wolltest du mir schon immer mal geben?
Du bist fast schon weise – was soll man einer solchen Frau raten. Du könntest fordernder sein und in manchen Situationen weniger bescheiden.

Auf welchen meiner Ratschläge könntest du gut verzichten?

Auf den ein oder anderen. Aber vor allem weil ich weiß, dass du fast immer recht hast ...

Welchen Soundtrack hat unsere Freundschaft?

Frei nach den Beatles: Love, love me do – und let it be.

Susanne **fragt** ► Constanze **antwortet:**

Dein erster Eindruck von mir?

Die hat echt alles: ist klug, lustig, schlagfertig, souverän und so hübsch! Und man kann sie nicht mal dafür hassen. Weil sie auch noch unglaublich nett ist. Das war bitter ... ;-))

Weißt du noch, wann wir uns das erste Mal gesehen haben?

Ich war Textchefin in der *Prinz*-Redaktion. Muss also so etwa um 1990 gewesen sein. Du wurdest von unserer gemeinsamen Freundin Huberta – damals als Verlagsleiterin auch meine Chefin – durch die Redaktion geführt, weil es irgendeine Kooperation mit dem Hessischen Rundfunk gab. Dann haben wir uns bei Hubertas Geburtstag bald wiedergetroffen. Zum Glück.

Was magst du an dir am meisten?

Ich freue mich, dass ich meine Schüchternheit wenigstens teilweise überwunden habe und nicht mehr denke, dass ich sofort tot umfalle, sobald ich im Mittelpunkt stehe (obwohl da durchaus noch eine Menge Luft nach oben ist). Ich mag, dass ich entgegen aller Wahrscheinlichkeit Anflüge von Mut entwickele. Übrigens vor allem auch mit deiner Hilfe. Ich mag meine Ausdauer, meine Beharrlichkeit, meine Füße, dass ich fast überall schlafen kann, und ich denke, dass ich lustig bin.

An mir?

Dass du so ein großes Herz hast. So schnell im Kopf bist. Deine Klugheit. Deinen Mut. Deine Großzügigkeit. Dass du dich niemals einschüchtern lässt und auch nie jammerst oder in Selbstmitleid versinkst. Obwohl es schon den ein oder anderen sehr guten Grund gegeben hätte. Du bist unglaublich zugänglich, ohne *Everybody's Darling* sein zu müssen. Wahnsinn, wie du mit allen immer gleich einen Draht hast, niemals abweisend bist. Deine Klarheit mag ich sehr, die du auch beibehältst, wenn du dich damit unbeliebt machst. Wie du etwa sagst »selbstverständlich bin ich Feministin!« – weil das ganz wenige tun und du mir damit auch aus der Seele sprichst. Deine Sorglosigkeit, die zum Glück so ansteckend ist. Und dann natürlich das ganz sichere Gefühl, dass du immer für mich da sein wirst. Das ist ein mordsgroßer Schatz ...

Drei Eigenschaften, die du an mir ändern würdest?
Dass ich dir trauen kann, wenn du sagst, »wir laufen in deinem Tempo. Und natürlich nur so lange, wie du willst!«, und es nicht nur sagst, um mich dann doch zu Höchstleistungen motivieren zu wollen. Dass du dir auch mal 'ne richtig ordentliche Portion Selbstmitleid gönnst und dir nicht immer verbietest, auch mal zu jammern. Und dass du aufhörst zu rauchen (und ja, E-Zigaretten fallen durchaus auch in diese Kategorie ...). Wir haben schließlich noch Großes vor: gemeinsam mindestens 100 zu werden.

Drei Dinge, die du an unserer Freundschaft gern ändern würdest?
Mhm. Eigentlich fällt mir wirklich nichts ein dazu.

Was geht dir bei mir richtig auf die Nerven?
Was mir an mir auch richtig auf die Nerven geht: dass wir beide auf unsere Weise doch manchmal auch ziemliche Extremistinnen sind. Also: eine gewisse Halsstarrigkeit. Zum Glück wissen wir von unserem ausgeprägten Rechthabergenen und schaffen es immer wieder, die manchmal richtig fette Kuh vom Eis zu schieben – indem wir diesen Krisenherd einfach mit Wetten befrieden. Wo wir gerade dabei sind: Wie viele Essen schulde ich dir eigentlich noch?

Was wirst du bei mir nie verstehen?
Dass du dich über manche Sachen so gar nicht aufregst. Und bei mir: dass mich deine Entspanntheit dann noch mehr aus der Ruhe bringt.

Worum beneidest du mich?
Um deine Coolness. Die Souveränität – auch und vor allem bei öffentlichen Auftritten. Wie du regelmäßig über Grenzen gehst – etwa beim Sport, beim Fasten – etwas, das mir so gar nicht liegt. Um deine Zielstrebigkeit – und Energie. Um die Krähe seitwärts. Und definitiv wirklich sehr um deine so großartigen Kinder!

Woher weißt du, dass es Freundschaft ist?
Weil ich einfach wahnsinnig gern Zeit mit dir verbringe. Weil es wirklich niemals langweilig ist, auch wenn überhaupt nichts passiert, und weil es mit sonst kaum jemandem so lustig ist. Weil ich dich immer spannend finde. Weil du wirklich immer aufmerksam, fürsorglich, interessiert, anteilnehmend bist und auch ein enorm großer Motivationsschub für mich, auch Dinge anzugehen, die ich mir sonst nicht zutraue.

Was sollten wir unbedingt noch gemeinsam tun?
Eine richtig große Reise unternehmen.

Was hätten wir besser gelassen?
Vielleicht das Essen bei mir, bei dem wir zwei Single-Freundinnen mit zwei Single-Freunden verkuppeln wollten? Ging ja ziemlich in die Hose. War aber gerade deshalb irgendwie doch ein lustiger Abend.

Ein perfekter Freundinnentag für dich?
Einmal wieder in einer großen Stadt unterwegs sein. Schaufenster gucken. In Buchhandlungen stöbern und essen gehen. Aber genauso ein Tag am Strand, einfach herumliegen, lesen, laufen gehen – natürlich exakt sechs Kilometer – keinen Schritt mehr ... ;-) – und sich später hübsch machen, für uns und ein Abendessen mit unseren anderen wunderbaren Freundinnen.

Was wird das Alter mit unserer Freundschaft machen?
Da wäre ich mal ein Fan der Kaffeewerbung, in der es heißt: »Alles soll so bleiben, wie es ist.«

Welchen Gefallen könnte ich dir noch tun?
Für mich diese phantastischen Fischfrikadellen machen, die du dir während Corona draufgeschafft hast. Und nicht mehr die Haare glätten. Du hast so phantastische Locken! Die wegzubürsten ist, als würde man den Pariser Eiffelturm einreißen.

Was würdest du sofort aus meinem Kleiderschrank entfernen?
Referenzklamotten in Größen, in die man in seinem Leben nur einmal und das auch nur für fünf Minuten reinpasst. Ich finde, die machen nur unnötig Stress.

Wie findest du meinen Männergeschmack?
Ich fand ihn oft erstaunlich, weil er so völlig anders war als meiner. Und dann ist er – wie sich gerade an deinem nun

ja auch nicht mehr soooo neuen Mann zeigt – doch wieder ganz ähnlich, also phantastisch ... ;-)) Ich glaube, bei den für Beziehungen wesentlichen Dingen stimmen wir doch überein – auch wenn wir bei der ›Verpackung‹ vielleicht unterschiedliche Begehrlichkeiten haben.

Wofür habe ich wirklich kein Talent?

Wie ich fürs Singen. Und seit wir uns während der Corona-Krise beide der Herausforderung gestellt haben, den Tanz zu ›Git Up‹ zu lernen – teilen wir offenbar auch die Bewegungslegasthenie. Ansonsten, finde ich, bist du ein Eins-a-Beispiel dafür, dass ›Talent‹ von ›Tun‹ und ›Ausprobieren‹ kommt.

Welchen Rat wolltest du mir schon immer mal geben?

Du brauchst meinen Rat nicht. Weil du selbst sehr kritisch mit dir bist. Vielleicht wäre mein Rat deshalb: Du musst gar nicht dauernd an dir arbeiten – alles ist ganz wunderbar, so wie es ist.

Auf welchen meiner Ratschläge könntest du gut verzichten?

Dass ich meine Haare wachsen lassen sollte. Die sind einfach nicht fürs Langsein gedacht. Einerseits. Andererseits würde mir dann auch etwas fehlen. Ist ja mittlerweile so etwas wie ein Running Gag geworden. Meinem Mann kann es nicht kurz genug sein, dir nicht lang genug. Manchmal wünschte ich, ich könnte mich so sehen, wie ihr mich jeweils seht.

Welchen Soundtrack hat unsere Freundschaft?
»It Must Be Love« – von Madness, »You are my Sunshine« – von Johnny Cash und »Blondes Have More Fun« – von Rod Stewart (und der muss es ja wissen …), »I'll be there for you« – von The Rembrandts, »Lean on me« – Bill Withers, und »You're my best friend« – von Queen.

Quellen

Kurt J. Heering, So sind Männer. Fiese Sprüche über das starke
Geschlecht, Bastei Lübbe 2014

Eine, wie keine ...
Rebecca Traister, All the single Ladies: Unmarried Women and
the Rise of an Independent Nation, Simon & Schuster, 2016
J. W. Goethe, Briefe. An Carl Ludwig von Knebel, 31. Dezember
1798

**Kapitel 2: Harry, Sally und die ewige Frage, ob Männer und
Frauen Freunde sein können**
Ella Bedge, Starke Frauen, starke Sprüche: 888 prägnante Weis-
heiten von und für Frauen. Schlütersche Verlagsgesellschaft,
2009
Oscar Wilde, Lady Windermeres Fächer, 2. Akt / Lord Darlington
Harald Euler, »Getrennt von Ring und Bett – Freundschaft zwischen Mann und Frau«, in: Deutschlandfunk Kultur, Beitrag
vom 11. 10. 2009

**Kapitel 3: Zwischen Fein- und Kochwäsche – eine Pflege-
anleitung**
E. W. Howe, https://www.washburn.edu/reference/cks/mapping/
howe/index.html, letzter Abruf: 9. 6. 2020
Caroline Millington, The Friendship Formula, Head of Zeus, 2019
Ruthellen Josselson und Terri Apter, Best Friends: The Pleasu-
res and Perils of Girls' and Women's Friendships, Three Rivers
Press, 1998
Claudia Wüstenhagen, »Das Geheimnis der Freundschaft«, ZEIT
WISSEN 1/2011

Friedrich Nietzsche, Menschliches, Allzumenschliches. Ein Buch für freie Geister. Zweiter Band. Erste Abteilung. Vermischte Meinungen und Sprüche, Verlag Ernst Schmeitzner, 1878 (2. erweiterte Auflage 1886)

Niklas Luhmann, Vertrauen: Ein Mechanismus der Reduktion sozialer Komplexität, Lucius & Lucius, utb, 4. Aufl., 2000

Kapitel 4: Eine organische Verbindung: Männerfreundschaften

Winnetou, 2. Teil, Regie: Harald Reinl, 1964, Produktion Preben Philipsen

Michel Montaigne, Von der Freundschaft, dtv, 2005

Andreas Kraß, Ein Herz und eine Seele, Fischer Verlag, 2016

Ann Elisabeth Auhagen, Interview, »Reden ist nicht besser als Autos reparieren«, in: Elisabeth Hussendörfer, »Meine Freunde und ich«, Emotion 05/2006

A. Ittel und H. Scheithauer, »Geschlecht als ›Stärke‹ oder ›Risiko‹? Überlegungen zur geschlechtsspezifischen Resilienz«, in: Günther Opp, Was Kinder stärkt. Erziehung zwischen Risiko und Resilienz, Ernst Reinhardt, 2007

Kapitel 5: Wie man eine Freundschaft ruiniert

Matthias Debureaux und Patricia Klobusiczky, Die hohe Kunst, eine Freundschaft zu beenden, Nagel & Kimche, 2020

Kapitel 6: »Spiel nicht mit den Schmuddelkindern, sing nicht ihre Lieder«

Sebastian Fitzek, Fische, die auf Bäume klettern, Droemer Knaur, 2019

Kapitel 7: Die Bekannten – nichts Halbes und ziemlich viel Ganzes

Friedrich Gottlieb Klopstocks kleine poetische und prosaische Werke, Verlag der Neuen Buchhändler Gesellschaft, 1771

Mark Granovetter und Nicholas Christakis und James Fowler, in: ZEIT WISSEN 1/2011 Das Geheimnis der Freundschaft, von Claudia Wüstenhagen

Bastian Berbner, »Ich und der ganz andere«, in: SZ-Magazin, 21/2018

Paula Leocadia Pleiss, »So viel Zeit braucht es, um einen neuen Freunde zu finden«, https://www.welt.de/kmpkt/article1899 06821/Freunde-So-lange-dauert-es-bis-aus-Bekanntschaften-Freundschaften-werden.html, letzter Aufruf: 12.6.2020

Robin Dunbar, in: Caroline Millington, The Friendship Formula, Head of Zeus, 2019

Kapitel 8: Unter Einfluss – im Guten wie im Hochkalorischen

The Beatles, Sgt. Pepper's Lonely Hearts Club Band, 1967

Katrin Blawat, »So gut wie verheiratet«, in: Süddeutsche Zeitung, 30.9.2013 (über die Studie von Joyce Benenson)

Maren Kroymann, WDR Comedy vom 7. Februar 2020

Werner Bartens, »Dicke Freunde machen dick«, in: Süddeutsche Zeitung, 22. Mai 2010

Anja Krumpholz-Reichel, »Frauen – Rivalinnen«, in: Psychologie heute 11/2004

Kapitel 9: Beim Geld hört die Freundschaft auf – oder auch nicht

Bathroom Readers' Institute: Uncle John's Fast-Acting Long-Lasting Bathroom Reader, Printers Row Publishing Group, 2012

Kapitel 10: Freundschaftsanfragen

Anna Majid, »Dann muss man rausgehen, Leute kennenlernen«, in: Süddeutsche Zeitung, 05.12.2019

Rita Neubauer, »Einsamkeit – ansteckend wie Grippe«, in: Tagesspiegel, 03.12.2009

»Einsamkeit führt zu körperlichem Kälteempfinden«, in: Die Welt, 30. 09. 2008

Dale Carnegie, Wie man Freunde gewinnt, Fischer Verlag, 2014

Kapitel 11: Freundschaft: die Zutatenliste

Beatles, When I'm sixty-four, Sgt. Pepper's Lonely Hearts Club Band, 1967

Marilyn Yalom, Eine Kulturgeschichte der Freundschaft, btb 2017